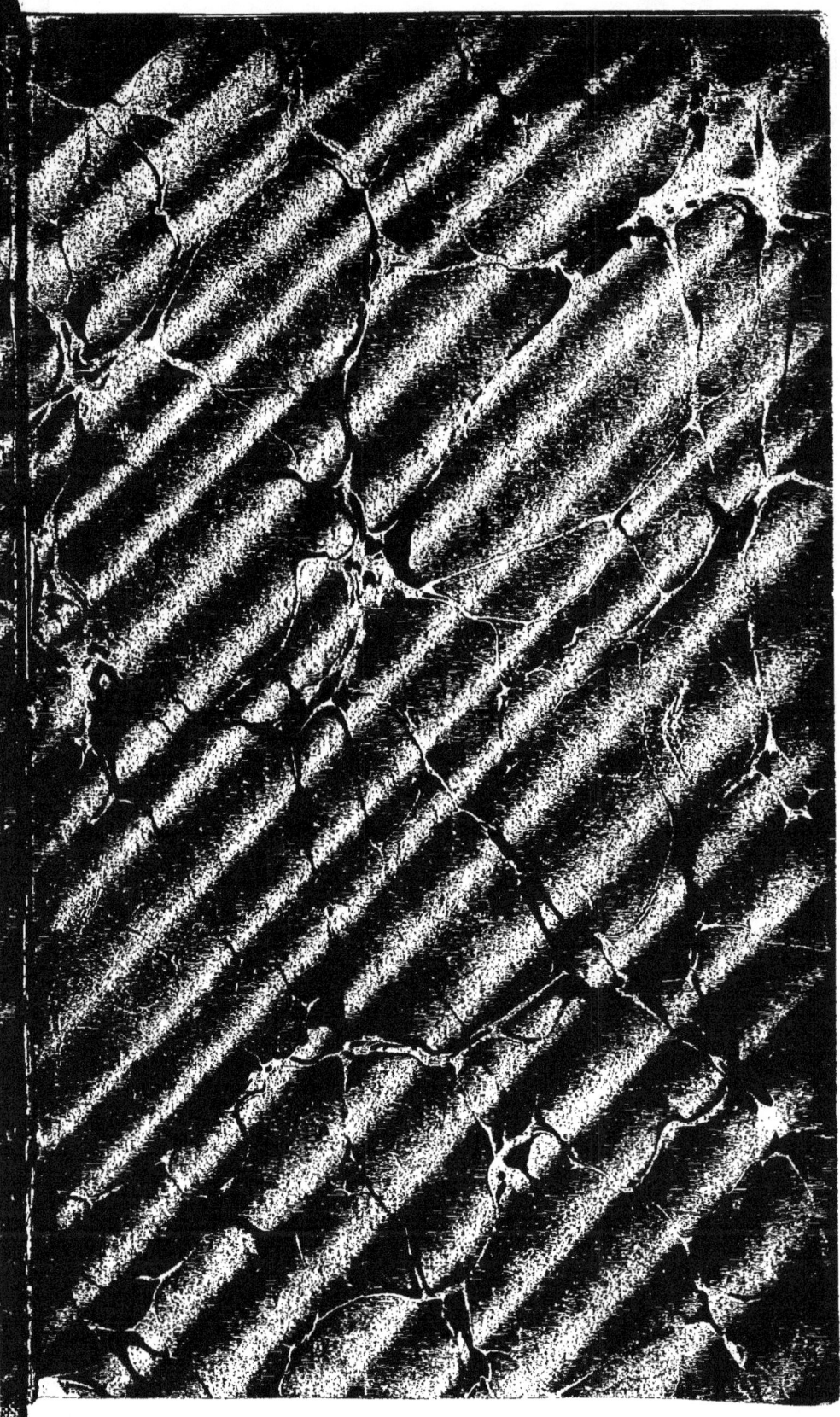

Lt-Colonel R. DU LIGONDES

Formation Mécanique
du
Système du Monde

AVEC UN RÉSUMÉ DE LA NOUVELLE THÉORIE

PAR

L'Abbé Th. MOREUX

PROFESSEUR DE MATHÉMATIQUES

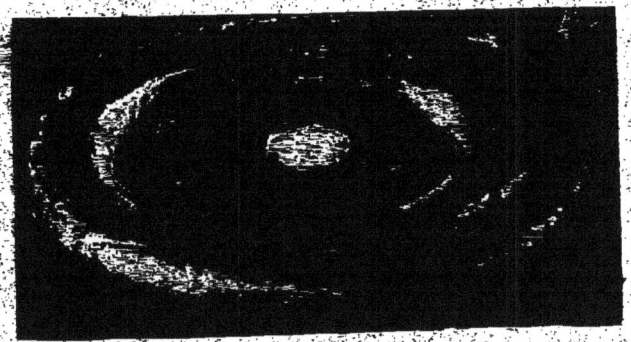

PARIS

GAUTHIER-VILLARS ET FILS, IMPRIMEURS-LIBRAIRES

Quai des Grands-Augustins, 55

1897

Formation Mécanique

DU

Système du Monde

TOUS DROITS RÉSERVÉS

Lt-Colonel R. du Ligondès

Formation Mécanique

du

Système du Monde

AVEC UN RÉSUMÉ DE LA NOUVELLE THÉORIE

PAR

L'Abbé Th. MOREUX

PROFESSEUR DE MATHÉMATIQUES

PARIS

GAUTHIER-VILLARS ET FILS, IMPRIMEURS-LIBRAIRES

Quai des Grands-Augustins, 55

1897

PRÉFACE

> Je résolus de parler de ce qui arriverait si Dieu créait assez de matière pour composer un monde nouveau et qu'il agitât diversement et *sans ordre* les diverses parties de cette matière, en sorte qu'il en composât un chaos si confus que les poètes en puissent feindre, et que par après il ne fît autre chose que prêter son concours ordinaire à la nature, et la laisser agir suivant les lois qu'il a établies.
>
> (DESCARTES, *Discours de la méthode.*)

La théorie nouvelle que nous allons exposer n'est guère qu'une mise au point des idées qui commencent à se faire jour sur la formation du Soleil et des planètes. A vrai dire, elle nous a été suggérée presque entièrement par une étude approfondie du remarquable ouvrage que M. Faye a publié sur le même sujet (¹). Il nous a semblé qu'il y avait bien peu de chose à changer à l'hypothèse de l'éminent astronome pour supprimer la plupart des objections formulées par M. Wolf dans sa discussion comparative des hypothèses cosmogoniques (²). M. Faye n'a commis qu'une

---

(¹) Faye, *Sur l'Origine du Monde*, Gauthier-Villars.
(²) Wolf, *Les Hypothèses Cosmogoniques*, Gauthier-Villars.

doute ; et c'est la meilleure réponse que nous pourrions donner à ceux qui nous demanderaient quelle sera l'utilité de cette étude sur l'Origine du système solaire.

Il suffit d'ailleurs de parcourir l' « *Exposition du Système du Monde* » pour voir immédiatement les défauts de l'hypothèse de Laplace.

Personne ne conteste que le célèbre astronome n'ait eu l'intuition sublime des phases à travers lesquelles s'est opérée l'évolution de la nébuleuse primitive. On peut dire à bon droit qu'il n'avait pas les données suffisantes pour résoudre la difficile équation qu'il s'était posée. Nous renvoyons le lecteur qui voudrait approfondir ce problème au livre de M. Faye « *Sur l'Origine du Monde* ».

Cependant on nous permettra de préciser l'état de la question, en montrant les étapes principales qu'elle a suivies.

Hypothèse de Laplace
Ses défauts.

Sans vouloir exposer entièrement l'hypothèse de Laplace, disons d'une façon générale en quoi elle consiste : Laplace admettait à l'origine une nébuleuse chaude ; sorte d'atmosphère, formée d'un gaz élastique et dont toutes les couches étaient animées d'une même vitesse de rotation. Cette immense nébuleuse, pendant sa condensation, a dû abandonner successivement des anneaux qui ont formé toutes les planètes, en commençant par les plus extérieures. Malheureusement l'idée d'un semblable état initial ne s'accorde guère avec les théories de la Thermodynamique. En outre, l'analyse des conditions dans lesquelles s'est opérée cette condensation montre que :

1° Les anneaux auraient dû donner naissance à une multitude de planètes très petites ; et, dans ces conditions, la formation de grosses planètes séparées par des intervalles vides est absolument impossible ;

2° Le premier satellite de Mars et le cinquième satellite de Jupiter, découvert dernièrement par M. Barnard, ainsi que les anneaux intérieurs de Saturne tournent plus vite que ne le permet la théorie de Laplace ;

3° Il faut faire une distinction entre la cause qui donne aux planètes un mouvement de rotation sur elles-mêmes, et celle qui leur donne un mouvement de translation autour de l'astre central. Ces deux mouvements, dans une nébuleuse gazeuse, devaient s'opérer suivant des sens différents et, dans sa préoccupation de faire accorder sa théorie avec les faits connus de son temps, Laplace n'a su donner à cette objection capitale une réponse satisfaisante. Le célèbre astronome a fait intervenir à tort des frottements qui devaient ramener la rotation des planètes au même sens que celui de leur révolution. — Or, ces frottements n'ont pu exister. En tout cas, la découverte postérieure d'Uranus et de Neptune et leur rotation rétrograde font ressortir l'inexactitude de son raisonnement.

Ces objections réunies devaient faire abandonner définitivement la théorie de Laplace.

<small>HYPOTHÈSE DE M. FAYE</small>

En 1884, M. Faye écrivait son livre magistral « *Sur l'Origine du Monde.* » L'éminent astronome avait tenu compte des difficultés auxquelles se heurtait l'hypothèse précédente ; et, grâce aux lois d'une Mécanique savante, tout semblait expliqué. La nébuleuse initiale était froide et obscure, et, par une condensation progressive, la chaleur croissait de l'extérieur au centre, en même temps que des anneaux prenaient naissance à l'intérieur.

M. Faye, en effet, admet au commencement une nébuleuse homogène et sphérique. « Dans un pareil
« amas ([1]) de matière, la pesanteur interne résultant
« des forces attractives de toutes les molécules,
« varie en raison directe de la distance au centre.
« Les particules ou les petits corps qui se meuvent
« dans un tel milieu, dont la rareté est inimagina-
« ble, décrivent nécessairement des ellipses ou des
« cercles autour du centre, *dans le même temps,*
« quelle que soit leur distance à ce centre. Dès
« lors, l'existence d'anneaux tournant tout d'une
« pièce, d'un même mouvement de rotation, est par-
« faitement compatible avec ce genre de pesanteur,
« et si un mouvement tourbillonnaire a préexisté,

([1]) Faye, *Sur l'Origine du Monde*, p. 187.

« quelques-unes de ces spires, assez peu différentes
« de cercles, auront dû peu à peu, par la faible ré-
« sistance du milieu, se convertir spontanément en
« un tel ensemble d'anneaux.

« Faisons un pas de plus, nous avons vu que
« ces anneaux tendent généralement à se défaire et
« à former une masse sphérique nébuleuse qui finit
« par ramasser tous les matériaux de l'anneau. Or
« ces nébuleuses secondaires se trouvent néces-
« sairement animées d'une rotation de même sens
« que celle des anneaux, » c'est-à-dire directe.

Ainsi s'expliquent la rotation et le mouvement de
translation dans le sens direct de toutes les planètes jusqu'à l'orbite de Saturne. Voyons comment
M. Faye explique la rotation rétrograde d'Uranus
et de Neptune :

« Dans la nébuleuse primitive, supposée homo-
« gène, nous avons vu que la pesanteur variait en
« raison directe de la distance au centre, mais, plus
« tard, le Soleil s'est formé par la réunion de tous
« les matériaux non engagés dans les anneaux ».

« Sous l'action de la masse prépondérante du
« Soleil, ajoute le même auteur, la pesanteur
« interne a varié, non *en raison directe de la
« distance,* mais *en raison inverse du carré de la
« distance au centre.* Dans ce dernier cas, le mode
« de rotation d'un anneau de matière diffuse change
« du tout au tout » (p. 190 et suiv.); au lieu de tourner d'une seule pièce, avec une même vitesse angu-

laire dans chacune de ses parties, l'anneau se meut avec des vitesses plus grandes à l'intérieur, puisque les molécules y sont plus attirées. Les particules intérieures seront donc en avance sur celles qui composent le bord extérieur de l'anneau ; et, lors de la rupture de celui-ci, l'enroulement en forme de sphère sera dirigé dans le sens contraire du mouvement de translation.

En résumé, sous l'empire de la première loi, lorsque l'anneau dégénèrera en un système secondaire, c'est-à-dire en une nébuleuse avec ses anneaux intérieurs et finalement en une planète avec ses satellites, la rotation de la planète et la circulation des satellites seront de même sens que le mouvement de l'anneau générateur, c'est-à-dire en sens direct. Si, par contre, le système secondaire prend naissance sous l'empire de la seconde loi, il sera franchement rétrograde : ainsi se sont formés les systèmes d'Uranus et de Neptune.

On ne peut nier que l'hypothèse de M. Faye ne soit un sérieux effort tenté pour réaliser un véritable progrès sur la théorie de Laplace, et nous sommes autorisés à dire avec M. Wolf : [1]

« Les notions introduites par la Thermodynamique
« sont venues éclaircir l'origine mystérieuse de la

---

[1] C. Wolf, *Les Hypothèses Cosmogoniques*, p. 60.

« chaleur solaire et modifier, par conséquent, le mode
« de contraction de la nébuleuse. Ce n'est plus le
« refroidissement seul, c'est surtout l'attraction qui
« produit la diminution de volume et donne nais-
« sance, dès l'origine, à cette condensation centrale,
« noyau du Soleil futur qui remplace le globe
« solide ou liquide de Laplace, indispensable à la
« formation des planètes ».

Cependant l'hypothèse de M. Faye, ainsi qu'il le dit lui-même, ne peut pas fournir aux périodes géologiques plus de 20 à 30 millions d'années, tandis que beaucoup de géologues en demandent près de 100 millions.

Insuffisance de l'Hypothèse de M. Faye.

Objections.

A cette objection viennent s'en ajouter quelques autres dont nous donnerons les principales.

M. Faye dit que la différence des vitesses linéaires des diverses tranches d'un anneau a pu donner naissance à des tourbillons élémentaires qui, forcés de suivre à peu près la même route avec des vitesses un peu différentes, ont dû se rejoindre et se confondre en une masse nébuleuse unique où s'est absorbée peu à peu toute la matière de l'anneau. Mais, comme le fait justement remarquer M. Wolf, au moins pour les planètes formées sous l'empire de la *première loi* de la pesanteur, les vitesses linéaires sont *proportionnelles à la distance* au centre, et la masse entière, y compris les anneaux, tourne tout d'une pièce ; il n'y a donc aucune cause de formation de tourbillons élémentaires avant la rupture de l'anneau.

Les autres objections formulées contre la théorie de Laplace subsistent avec la même force contre l'hypothèse de M. Faye :

Difficulté de comprendre la formation d'anneaux séparés et le rassemblement de la matière d'un anneau en une planète unique ;

Impossibilité d'expliquer toutes les particularités du monde solaire comme l'obliquité de l'axe de rotation des planètes, la loi de leur distance au Soleil, la formation de systèmes planétaires si variés.

On voit par ce simple aperçu que l'hypothèse de M. Faye ne satisfait pas entièrement aux conditions que doit remplir une théorie solidement construite :

Conditions que doit réaliser une Hypothèse cosmogonique.

« Une hypothèse cosmogonique ([1]), pour être com-
« plète et répondre au sens même du mot, devrait
« prendre la matière à l'état primitif où elle est sor-
« tie des mains du Créateur, avec ses propriétés et
« ses lois, et, par l'application des principes de la
« Mécanique, en faire surgir l'univers entier tel qu'il
« existe aujourd'hui. Pour le système solaire, en par-
« ticulier, le problème se pose donc en termes très
« nets : expliquer comment une même matière a pu,
« en obéissant aux lois de Newton, donner naissance
« à des corps, Soleil, planètes et satellites » remplissant les conditions que l'Astronomie nous a révélées. L'énoncé de ces simples conditions suffit

---

(1) C. Wolf, *Les Hypothèses Cosmogoniques*, pp. 1 et 6.

donc à écarter définitivement une hypothèse comme celle de Laplace. Pour être remonté plus haut, M. Faye lui-même, après avoir adopté une matière plus raréfiée, n'a fait que reculer les difficultés en introduisant, par une idée préconçue de rotation finale, ces tourbillons élémentaires qui ne sont là que pour les besoins de la cause.

Il faut faire table rase de ces girations, remonter plus avant et admettre qu'à l'origine les mouvements des molécules peuvent avoir lieu dans tous les sens. S'il existe quelque part une région ou les mouvements offrent une certaine symétrie ; si, de plus, cette région est grossièrement homogène, ses déchirures seront également symétriques en tous sens, et on aura un lambeau à peu près rond. Or, il suffit d'admettre un aplatissement ou une dissymétrie quelconque dans ce sphéroïde — et il ne saurait guère en être autrement — pour en voir surgir, par des transformations purement mécaniques, un monde comme le nôtre. Dans un tel système, contrairement à la théorie de Laplace et conformément à celle de M. Faye :

Nouvelle Hypothèse

État initial de la Nébuleuse

La circulation des molécules se fait dans des plans diamétraux sur des circonférences ou des ellipses concentriques orientées dans tous les sens, et la pesanteur, pour chacune d'elles, y est proportionnelle à la distance au centre.

Bien que ces molécules circulent à l'intérieur du sphéroïde comme dans le vide et sans éprouver aucune résistance de la part de leurs voisines, en raison même de l'orientation si différente des orbites qu'elles parcourent, des chocs sont inévitables entre elles. Ces chocs précipiteront vers le centre une partie de la matière chaotique. Avec la condensation, le lambeau perdant son homogénéité, la loi de l'attraction se modifiera graduellement ; aussitôt commencera une déformation générale de toutes les orbites. L'analyse montre, en effet, que, dans un sphéroïde de ce genre, la pesanteur augmente près du pôle et diminue vers l'équateur. Alors les molécules, qui se meuvent à l'intérieur, s'éloignent du centre si elles marchent vers l'équateur. La déformation a nécessairement lieu dans le même sens pour toutes les orbites : la figure extérieure de la nébuleuse, qui n'est autre que leur enveloppe, prendra donc une forme lenticulaire.

Passage de l'état sphérique à l'état lenticulaire

Avant qu'une grande partie des matériaux ait commencé à se porter vers le centre pour poser les fondements du Soleil futur, bien des amas se sont formés çà et là. Un nombre considérable de molécules disséminées dans toute la masse doivent décrire ou des cercles, ou des ellipses presque circulaires. Ces molécules sont donc animées d'un mouvement uniforme ; et si quelques-unes d'entre elles sont voisines, sur un même cercle ou sur des cercles très rapprochés, elles ne se quitteront plus dans le cours de leurs révolutions successives ; elles finiront donc par s'agglomérer en petites masses par l'effet de leurs attractions mutuelles.

Suivant que ces amas circuleront sur des plans voisins ou très éloignés de l'équateur, leur sort sera tout différent. — Dans le cas où leurs orbites forment avec le plan équatorial un angle considérable, ces amas n'ont aucune chance de se réunir à la masse qui constituera les planètes. Dès que la condensation arrive, la déformation des orbites disperse les amas sur des courbes de plus en plus excentriques, qui deviennent finalement des ellipses dont le Soleil occupe un des foyers. Ces amas ne sont autres que les comètes ou les essaims d'étoiles filantes. La vérification est facile : à part quelques comètes de la famille de Jupiter, presque toutes, en effet, se meuvent sur des plans éloignés de l'écliptique. Cette dispersion dont nous venons de parler ne saurait d'ailleurs exister pour les amas qui se meuvent sur des plans très voisins de l'équateur, — où les mouvements circulaires peuvent subsister indéfiniment, — puisque, en raison de la symétrie, la pesanteur y est constante pour une même distance au centre. Deux amas, au contraire, qui circulent séparés par un faible intervalle de part et d'autre du plan de symétrie, ne peuvent manquer de se réunir dans ce plan, ne serait-ce qu'au point de croisement des orbites, sur la ligne des nœuds. L'ensemble de tous ces amas qui circulaient dans tous les sens forme donc un disque grenu

Formation des Comètes.

Disque générateur des Planètes.

de mince épaisseur et de densité supérieure à celle de la masse. Les matériaux, avant d'être réunis à ce disque, étaient répartis à l'intérieur d'une surface de révolution, dont le contour pourrait être limité par deux lignes à peu près droites qui se couperaient sous un angle très faible ; en d'autres termes, ces

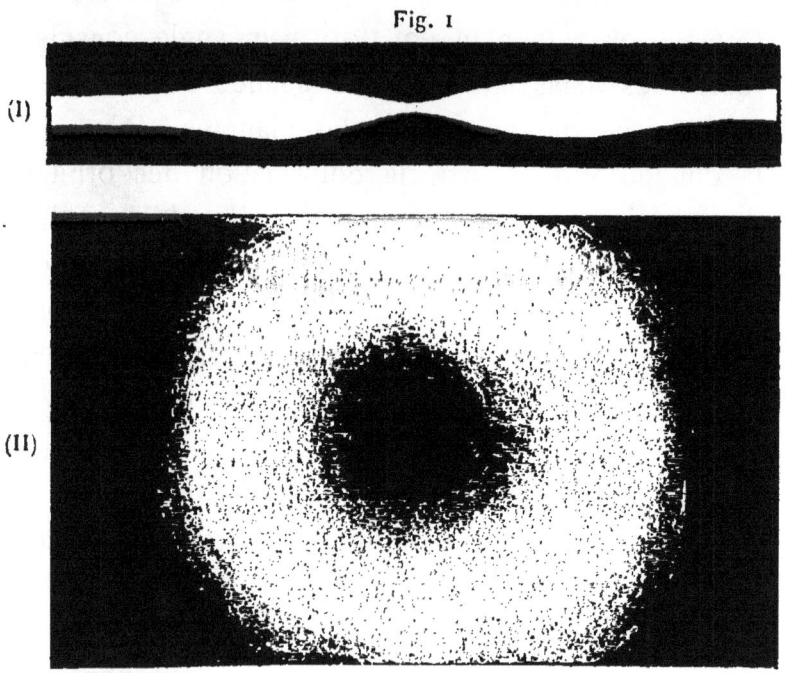

(I) Premier aspect de la *COURBE DES DENSITÉS* a l'intérieur du disque
(II) Premier aspect de la Nébuleuse, vue perpendiculairement à son Équateur.

amas occupaient l'espace que laisseraient libre deux cônes très aplatis se touchant par leur sommet. Bien que cette surface de révolution ait une épaisseur croissante à mesure qu'on s'éloigne du centre, il ne faudrait cependant pas en conclure que la densité du disque croît avec le rayon ; car les couches extérieures se sont vidées au profit des régions centrales, et cette densité qui, d'abord, augmente très vite avec ce même rayon, passe par un maximum, pour diminuer ensuite indéfiniment (fig. 1). Cette couronne circulaire de plus grande densité devient

MAXIMUM DE DENSITÉ

Première cause de rupture du disque en 3 anneaux.

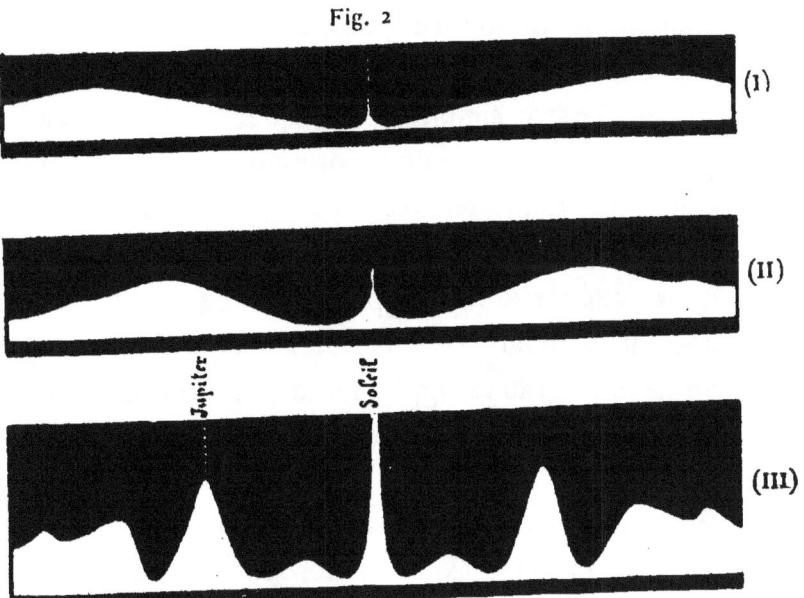

Fig. 2

MODIFICATIONS SUCCESSIVES DE LA COURBE DES DENSITÉS

(I) SECOND ASPECT DE LA *COURBE DES DENSITÉS*.
    On voit déjà se dessiner au centre le noyau du Soleil futur.
(II) LE *maximum de densité* CRÉE UN FOYER CIRCULAIRE D'ATTRACTION.
(III) RUPTURE DU DISQUE EN TROIS ANNEAUX CIRCULAIRES.

bientôt le centre d'attraction des amas situés sur les circonférences voisines, et cette aspiration ne tarde pas à provoquer une première rupture du disque en trois parties : l'une, circulaire intérieure ; les deux autres, annulaires. (Voir, fig. 2, les modifications successives de la *Courbe des densités*.)

Ces matériaux, distribués suivant des couronnes circulaires, rappellent les anneaux de Laplace et de M. Faye ; il ne faudrait cependant pas les confondre entièrement avec eux. Rappelons donc qu'à l'intérieur de ces anneaux, *la circulation des molécules se fait dans l'un et l'autre sens,* et c'est ce phénomène qui donnera naissance aux globes planétaires.

Disparition de la circulation dans le sens rétrograde.

Étant données les grandes dimensions du lambeau, un calcul assez simple montre que, conformément à la loi des aires, s'il existe à l'origine une prépondérance même très petite en faveur de l'une des deux circulations, cette prépondérance s'accroît rapidement avec la condensation. Le plan de l'équateur, surtout, devient le théâtre d'une violente collision : en raison de la plus grande agglomération des molécules dans ce plan, les chocs deviennent plus nombreux, la circulation se ralentit et toute la matière descend lentement vers le centre en se portant de préférence vers les maximums de densité. Les matériaux qui, dans chaque anneau, circulent, les uns dans le sens direct, les autres dans le sens rétrograde viendront se heurter mutuellement en formant barrière pour les autres ; l'obstruction commencée s'accroîtra rapidement, et l'équilibre ne pourra se rétablir que par la disparition de la circulation rétrograde. Tout cela ne se produira pas sans une perte énorme de force vive, mais nous la retrouvons actuellement sous forme de chaleur ; c'est la seule manière d'expliquer comment la Terre, en particulier, a pu acquérir une provision de chaleur assez considérable pour satisfaire les exigences des géologues et comment les planètes, formées de matériaux disséminés primitivement dans toute l'étendue de l'équateur, sont aujourd'hui si près du Soleil central.

A cette cause si simple de la séparation en anneaux du disque équatorial, vient s'en ajouter une autre plus complexe et que nous essayerons d'esquisser rapidement. L'étude des conditions de variation de la pesanteur, dans un ellipsoïde qui se condense, montre qu'il existe une couronne circulaire où l'attraction est la même, au moins sur une zone de faible étendue, de part et d'autre de l'équateur. Les molécules, décrivant des orbites circulaires en cette région, ne manqueront pas de se réunir et de former, en quelque sorte, un second maximum de densité sur le disque. Or, à mesure que la condensation réduira l'ellipsoïde, cette région annulaire se rapprochera du centre. C'est donc une sorte de bourrelet, une *onde circulaire* qui, prenant naissance à la périphérie, diminue peu à peu de diamètre pour s'éteindre au centre (¹). Le déplacement de cette onde doit donc déterminer, par ses arrêts successifs (²), à différents points du

<small>Formation au sein du disque d'une ONDE qui se meut de la périphérie vers le centre.

Seconde cause de rupture du disque en anneaux.</small>

---

(1) Le mot « onde » n'a pas tout à fait ici le sens qu'on lui attribue en physique.

(2) En réalité, il n'y a pas d'intermittence dans la marche de cette *onde* ; mais la lenteur de son déplacement équivaut à des arrêts, en chaque point du rayon.

Fig. 3

PARTAGE DÉFINITIF DU DISQUE
EN
ANNEAUX SÉPARÉS

———

L'*onde mobile* a provoqué la rupture d'un anneau qui formera Neptune.

S, Soleil.

JJ, Maximum de densité. Anneau qui formera Jupiter.

T, Système Terre-Mars.

S'U, Anneau qui formera Saturne et Uranus après le passage de l'onde mobile.

N, Neptune.

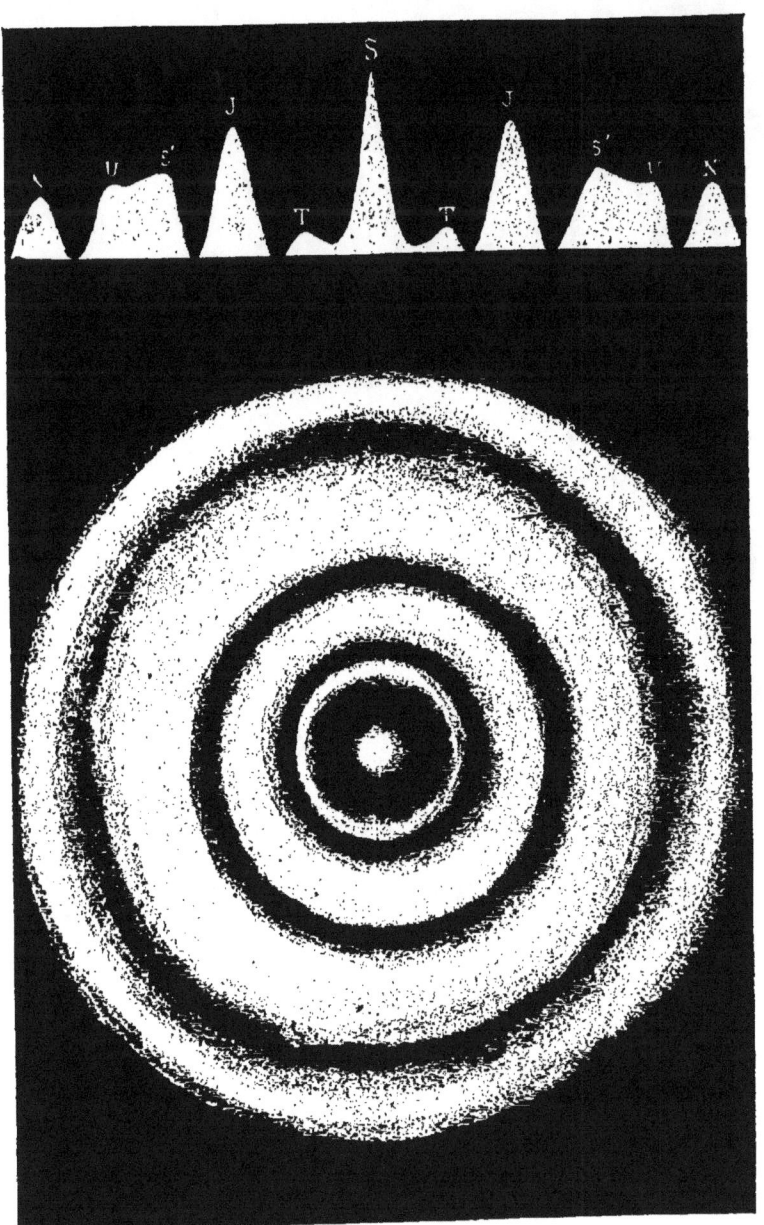

rayon, autant de nouvelles lignes de rupture sur le disque. Ainsi le partage en anneaux, depuis les extrémités jusqu'au centre, ne peut manquer d'avoir lieu. On voit facilement pourquoi cette séparation, qui donnera naissance aux globes planétaires, devra débuter à la fois par le maximum de densité et par la région extérieure où le bourrelet commence à se montrer. (Fig. 3.)

La masse des planètes qui résulteront d'un tel état de choses et toutes les particularités de leur formation ne doivent être qu'un corollaire des principes que nous avons admis. Il suffit, en effet, de considérer la courbe des densités pour reconnaître immédiatement que l'existence d'une grosse planète près du Soleil est absolument impossible. A mesure qu'on s'en éloigne, les globes résultant de la condensation des anneaux devront être de plus en plus volumineux, jusqu'au sommet de la courbe, qui correspondra nécessairement à la plus grosse des planètes. Jupiter est, en effet, dans ce cas : il l'emporte en masse et en volume sur tous ses compagnons du système solaire ; il est 1 300 fois plus gros que notre Terre.

Toutefois, bien que l'augmentation du volume des planètes croisse rapidement, et, d'une manière générale, jusqu'à Jupiter, la diminution, à mesure qu'on s'éloigne du maximum de masse, ne suit pas une loi aussi rapide : la grande éten-

Masse des Planètes

due des zones de formation des planètes extérieures compense en effet, dans une certaine mesure, la raréfaction du milieu qui les a formées. Et si Neptune l'emporte même un peu, par sa masse, sur Uranus, il faut attribuer cette anomalie à sa formation hâtive, qui a sans doute suivi de près celle de Jupiter. Ces irrégularités dans la succession chronologique des planètes et dans la variation de leur volume ont dû influer beaucoup sur leurs distances au Soleil. Suivant que les unes ont précédé les autres, elles ont pu faire varier, au moment de leur formation, les distances des planètes voisines.

<small>Distance des planètes au Soleil.</small>

Dès qu'un amas se formait dans un anneau, la matière commençait à se rassembler d'un seul côté; il se créait un foyer excentrique d'attraction pour les amas de l'anneau voisin; ceux-ci avaient donc tendance à se rapprocher des globes déjà formés.

Ces perturbations peuvent être mises en évidence au moyen de courbes construites en prenant, comme abscisses les numéros d'ordre des planètes, et, comme ordonnées, les intervalles qui séparent leurs orbites. (Voir cette courbe, fig. 4.)

La théorie ne permet pas de fixer la loi qui régit les distances auxquelles ont dû se former les anneaux, mais elle montre qu'il en existe certainement une et que l'intervalle qui les sépare diminue avec leur rayon. Et puis, il est évident que la région annulaire, dans laquelle les mouvements circulaires sont possibles,

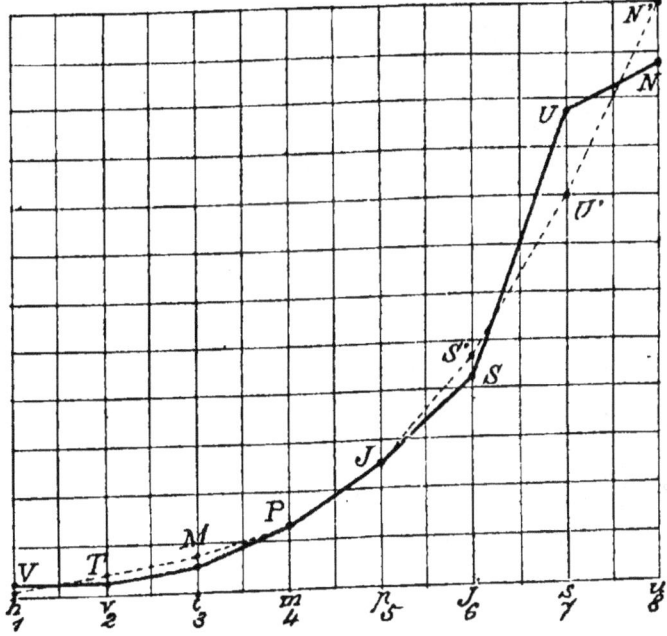

Fig. 4.

COURBE

DANS LAQUELLE LES ABSCISSES REPRÉSENTENT LES NUMÉROS D'ORDRE DES PLANÈTES, ET LES ORDONNÉES, LES INTERVALLES QUI SÉPARENT LEURS ORBITES.

Par comparaison avec la courbe régulière en pointillé, la courbe en trait plein montre que la formation hâtive de Jupiter et de Neptune a eu pour effet de rapprocher Saturne de Jupiter et Uranus de Neptune. Elle met aussi en évidence les perturbations apportées par Jupiter dans la formation des petites planètes.

diminue d'amplitude à mesure qu'on se rapproche du centre. La largeur des anneaux, qui règle l'intervalle des orbites, paraît dépendre elle-même de la surface couverte par l'onde mobile dont il a été déjà question, et décroit d'une façon continue de l'extérieur au centre.

En résumé, on peut dire que les distances des planètes au Soleil et, par suite, l'intervalle qui les sépare, sont fonction de l'âge de chacune d'elles. Nous pouvons aller plus loin et montrer comment, d'après cette nouvelle Théorie, *l'inclinaison de l'axe* des planètes, le *sens* et *la durée de la rotation* sont une conséquence immédiate de la *distance*.

<small>Inclinaison de l'axe des Planètes.</small>
Voyons tout d'abord comment le premier de ces éléments est subordonné aux variations qu'éprouve la pesanteur interne, dans la nébuleuse, pendant la réunion des amas. Nous avons constaté que la densité du lambeau chaotique, loin de rester constante, ne cesse d'augmenter vers l'intérieur, sans toutefois dépasser une limite finie; tandis qu'elle diminue jusqu'à zéro dans les régions superficielles. Par suite, la pesanteur, considérée le long du rayon, nulle au centre, croît d'abord avec la distance et passe par un maximum pour décroître ensuite d'une façon continue. Ce maximum n'est pas fixe, il augmente de valeur en se rapprochant du centre, depuis le commencement jusqu'à la fin de la formation du système ; de même pour la vitesse des amas sur

leur circonférence. Cette vitesse est soumise à la même loi ; mais il ne sera pas inutile de remarquer que son maximum se trouve un peu au delà de celui de la pesanteur. La cause en est facile à saisir : le carré de la vitesse, étant égal au produit du rayon par l'accélération due à la pesanteur, croît avec la distance jusqu'au maximum de pesanteur ; ce point dépassé, la pesanteur diminue insensiblement dans son voisinage tandis que le rayon ne cesse d'augmenter. La vitesse doit donc s'accroître jusqu'au moment où la pesanteur sera assez faible pour compenser l'augmentation de ce même rayon.

Supposons maintenant qu'une planète se forme au début, c'est-à-dire au moment où le maximum de vitesse est encore à la périphérie, cette planète tournera nécessairement sur elle-même dans le sens direct (fig. 5). Mais, à mesure que la pesanteur interne variera, ce maximum se rapprochera du centre. Immédiatement tout sera changé. Tandis que les planètes situées entre le maximum et le centre tourneront encore dans le sens direct, celles, au contraire, qui sont situées au-delà, auront une tendance à inverser leur rotation (fig. 6) ; il se produit là quelque chose d'analogue (¹) à la période rétrograde admise par M. Faye.

La vitesse allant en décroissant du *maximum* à l'extérieur, *tout se passe comme si les anneaux allaient*

---

(1) Nous disons : « quelque chose d'analogue... » car les frottements, dans un tel milieu, ne sauraient exister.

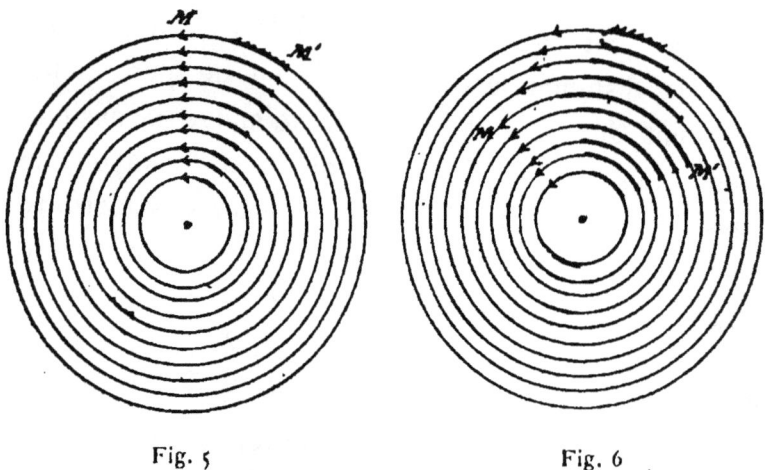

Fig. 5   Fig. 6

Le *maximum de vitesse* MM' est situé à la périphérie de la nébuleuse. Les planètes formées en ce moment tournent dans le sens direct.	Le *maximum de vitesse* MM' s'est avancé pendant la condensation. Les planètes situées entre le maximum et le centre continuent à tourner dans le sens direct ; les autres ont une tendance à inverser leur rotation.

en sens contraire : les amas qui viendront se réunir à un globe planétaire en formation, — après que l'orbite de celui-ci sera devenue extérieure à la circonférence du *maximum de vitesse,* — devront nécessairement solliciter ce globe à tourner dans le sens rétrograde.

On peut donc dire avec raison que la période rétrograde envahit peu à peu toute la nébuleuse ; mais, — et ceci est important, — toutes choses égales d'ailleurs, son action qui tend à devenir de plus en plus efficace, est atténuée à mesure qu'elle s'approche du centre, puisqu'elle rencontre des planètes dont la formation est relativement plus avancée.

La première conséquence sera donc pour le moins d'allonger la durée de rotation de toutes les planètes ; nous y reviendrons bientôt. De plus, il paraît inadmissible de supposer une symétrie parfaite à l'intérieur du lambeau chaotique, par rapport à l'équateur : chacun des amas s'est donc formé, soit au-dessus, soit au-dessous de ce plan, et, très souvent aussi, l'axe du globe qui, plus tard, devait former une planète, a dû s'écarter de la perpendiculaire au plan de l'orbite.

De là, une seconde conséquence qui a dû se faire sentir pour toutes les planètes, et même pour le Soleil : La déviation de l'axe du globe sera d'autant plus grande que l'inclinaison de l'axe primitif était plus prononcée ; et l'équateur de la planète s'écartera d'autant plus du plan de l'orbite que le rapport entre les deux moments de rotation sera plus voisin de l'unité. (Fig. 7.) Ainsi s'expliquent facilement les différences de l'inclinaison des axes, qui varie d'une planète à l'autre.

Les planètes extérieures commençaient à peine à se former que déjà la période rétrograde se faisait fortement sentir ; il en résulte une inclinaison considérable de leur axe sur le plan de l'ecliptique. Jupiter, déjà formé au moment où la période rétrograde parvient jusqu'à lui, peut, grâce à sa masse énorme, opposer une forte résistance à la déviation, et son axe demeure presque perpendiculaire au plan de l'écliptique. Mars, en raison de sa position, rencontre le maximum de vitesse bien avant la Terre, et la petitesse de son volume rend plus efficace encore l'influence rétrograde. On peut supposer vraisemblablement que, sans l'attraction du Soleil naissant, les axes des planètes inférieures eussent subi des déviations bien plus importantes que celles qui nous sont connues. Telle est l'explication de l'obliquité des orbites de Vénus et de Mercure et des inclinaisons plus ou moins grandes des axes de rotation du Soleil et des planètes.

<small>Durée et Sens de Rotation des Planètes.</small> La perte de mouvement qui accompagne la déviation de l'axe influe, avons-nous dit, sur la durée de rotation. Celle-ci doit être d'autant plus grande que l'axe est plus incliné. Il y a cependant une foule de circonstances qui peuvent modifier cette règle générale.

Les globes planétaires sont une réunion d'amas

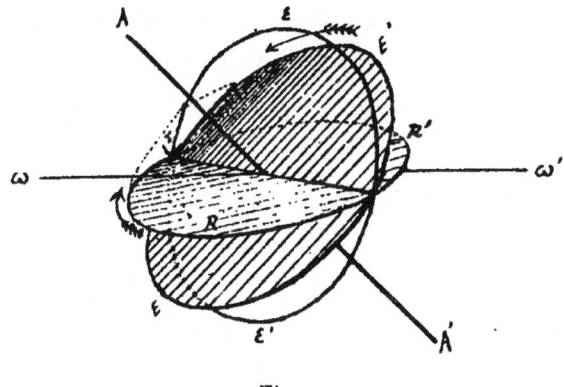

Fig. 7

FIGURE DESTINÉE A MONTRER
LA COMPOSITION DES ROTATIONS

EE', Position primitive de l'Équateur de la Planète
AA', Axe de cette même Planète.
RR', Milieu à influence rétrograde.

} *La circulation a lieu dans le sens direct.*

La flèche au point r peut être considérée comme la résultante des forces du parallélogramme indiqué.

On voit que $\varepsilon\varepsilon'$, position définitive de l'Équateur de la planète, résulte de la composition des deux rotations.

$\omega\omega'$, position définitive de l'axe de la planète, qui a basculé.

qui possèdent chacun leur moment de rotation propre, presque toujours dirigé dans le même sens que leur révolution en raison de leur formation hâtive. L'ensemble des amas réunis à la fin de la période directe forme une masse tourbillonnaire dont le moment de rotation est difficile à apprécier. On peut croire qu'il augmente, en général, avec l'intervalle des orbites, mais cela n'a rien d'absolu. Vient ensuite la période rétrograde, dont l'influence n'est guère plus facile à évaluer. Enfin il faut tenir compte du degré de condensation de la planète dont la rotation s'accélère quand le volume diminue.

Si l'on compare Jupiter et Saturne à la Terre et à Mars [1], on voit effectivement que la rotation des deux premières planètes est beaucoup plus rapide que celle des deux autres et le serait encore davantage si toutes les quatre étaient ramenées au même degré de condensation.

La durée de rotation d'Uranus est à peine soupçonnée. On l'évalue approximativement à 10 ou 12 heures. En tout cas, elle ne saurait dépasser ce dernier chiffre, qui paraîtra encore très faible en raison de la grande inclinaison de l'axe. Mais le calcul montre qu'une durée supérieure à 10 heures 1/2 ne peut se concilier qu'avec une constitution physique analogue à celle de la Terre, très différente de

---

[1] Ce sont les seules planètes dont la rotation soit parfaitement connue: 10 heures environ pour chacune des deux premières et 24 heures pour les deux autres.

celle de Jupiter ou de Saturne. La rotation d'Uranus ne pourrait donc s'accélérer beaucoup par la condensation.

Le faible aplatissement de Neptune laisse croire que la planète tourne bien plus lentement qu'Uranus. Ce fait paraît, tout d'abord, assez surprenant si on compare la direction des axes[1]. Mais il y a une cause particulière, dont nous n'avons pas encore parlé, qui explique très bien cette apparente anomalie : la position reculée de Neptune aux confins du système solaire. A l'origine, les vitesses des amas sur leur orbite augmentent avec la distance au centre, c'est la période directe, puis l'inverse a lieu, c'est la période rétrograde. Or, il est aisé de voir que ce changement de sens est d'autant moins brusque que les amas sont plus éloignés du centre. Il y a une période que l'on pourrait appeler indécise, qui tient une grande place dans la formation des planètes extérieures. Les amas de Neptune ont dû se réunir, pour la plupart, au cours de cette période. Le globe résultant n'a pu prendre qu'un faible moment de rotation et les derniers amas ajoutés ont eu toute facilité pour faire basculer l'axe sans pouvoir cependant communiquer à la planète une rotation rapide.

Les mouvements de Vénus et de Mercure provien-

---

(1) L'axe d'Uranus est couché sur le plan de l'orbite à la position du minimum de vitesse angulaire. Celui de Neptune paraît avoir dépassé cette position d'environ 45 degrés.

nent de causes si compliquées qu'il paraît difficile d'en faire ici une analyse résumée ; ils sont d'ailleurs imparfaitement connus, et la question n'est même pas encore résolue, de savoir si ces deux planètes ont une rotation rapide ou extrêmement lente.

Formation des Satellites.

Toutes les théories qui ont traité la question de l'Origine du monde semblent ne s'être pas assez préoccupées de la formation des satellites des planètes. On croit trop généralement que chaque système planétaire n'est qu'un système solaire réduit à des dimensions plus petites ; c'est là une erreur que peut faire disparaître une étude même sommaire des conditions réalisées dans chacun de ces cas.

Le parallélisme qu'on a voulu établir entre ces deux formations est d'ailleurs assez factice.

Le nombre des satellites varie d'un globe à l'autre, et il semble s'accroître pour les planètes à rotation directe suivant une proportion plus ou moins régulière. Vénus et Mercure en sont dépourvus ; la Terre en possède un ; Mars deux ; on en connaît cinq à Jupiter et huit à Saturne. Quant aux planètes à rotation rétrograde, le nombre des satellites diminue à mesure qu'on s'approche des confins du système : Uranus en a quatre, et Neptune, un seul.

Cette nomenclature suffit à prouver ce que nous avons maintes fois constaté, que les conditions dans lesquelles se sont formés ces différents satellites ont dû varier d'une planète à l'autre.

De plus, le système solaire a des dimensions énormes, si on les compare à celles de l'astre central qui tourne très lentement sur lui-même. On observe exactement le contraire pour les systèmes planétaires.

Un exemple fera mieux ressortir encore notre pensée. Comparons le système solaire tout entier au système planétaire qui s'en rapproche le plus, autant par ses dimensions que par le nombre de ses satellites : celui de Saturne. Prenant pour unité dans chaque système le rayon de l'orbite de la dernière planète ou du satellite le plus éloigné, on trouve pour le diamètre du Soleil $\frac{1}{3200}$; pour celui de Saturne $\frac{1}{30}$.

Augmentons maintenant le diamètre du Soleil dans la proportion de 1 à 100 pour rendre les systèmes comparables : la durée de rotation du Soleil devra être multipliée par $\overline{100}^2$ Elle aura donc une valeur 10 000 fois plus forte, c'est-à-dire, égale à 250 000 jours, soit 600 000 fois plus grande que celle de Saturne. Il est donc impossible d'admettre pour les deux systèmes des conditions initiales de formation à peu près identiques. Alors que, dans la formation du système solaire, il faut rejeter à l'origine tout mouvement tourbillonnaire, on ne peut et on ne doit pas exclure un mouvement de ce genre de la formation des satellites ; les amas qui circulaient avec des vitesses différentes autour des globes planétaires ont dû vite donner naissance à des sphéroïdes plus petits, animés d'un mouvement de rotation sur eux-mêmes et de translation dans un plan se confondant à peu près avec celui de l'équateur de la planète. Et si, dans une nébuleuse régulière quelconque, le nombre des globes qui entourent l'astre central semble n'être limité que par les proportions mêmes du système, il en est autrement du nombre des satellites autour de chacune des planètes. Ceux-ci cessent de se former dès que la période rétrograde les envahit. C'est, en effet, à partir de ce moment que l'axe du globe commence à s'écarter sensiblement du plan de rotation et de circulation des amas. Il y a donc un arrêt, plus ou moins brusque, d'accroissement de chaque système planétaire. Ainsi s'explique la décroissance marquée de l'étendue du système au-delà de Saturne, pour les planètes à rotation rétrograde, malgré l'accroissement continu des zones de formation.

Quant à l'exiguité relative des systèmes planétaires, elle est principalement due à leur mode de formation, successif du centre à l'extérieur. Les amas qui viennent s'ajouter peu à peu à la masse, déterminent un accroissement de pesanteur, par suite une compression. Les dimensions sont donc loin de s'accroître en proportion de la masse.

La lenteur de la formation d'un globe peut donner

lieu aux formes planétaires les plus variées. Il ne faut pas chercher ailleurs l'explication du monde merveilleux de Saturne.

Placés entre deux maximums de densité, attirés par Jupiter et Uranus, les amas destinés au système de Saturne n'ont dû se rassembler que sous l'influence d'une attraction très faible. Voilà pourquoi nous admirons autour de ce globe géant huit satellites qui tous, à l'exception de Japetus, se sont approchés de la planète (¹). Quant à la formation de l'anneau, pour être plus complexe, elle n'en est pas moins due à des causes du même genre.

Anneau de SATURNE

La figure 8, que nous avons déjà vue, montre

Fig. 8

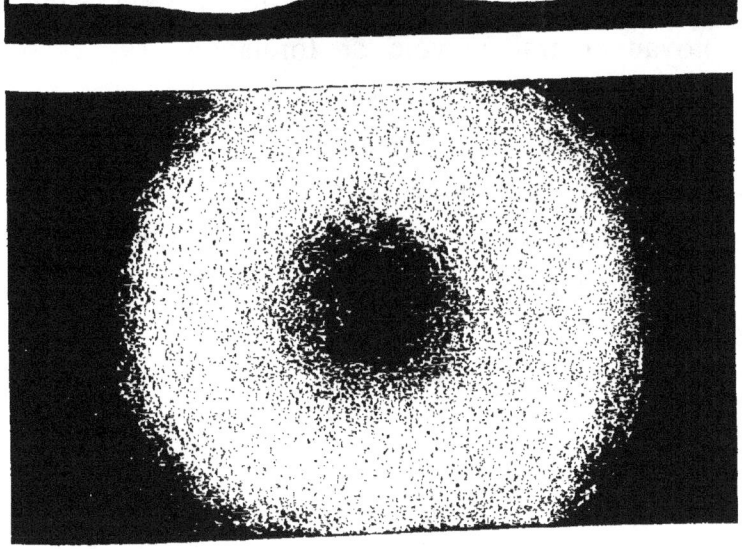

(1) La grande distance de Japetus à Saturne suffit pour expliquer la différence du plan de son orbite avec celui des autres satellites.

que la condensation d'une nébuleuse se fait, pour ainsi dire, en partie double, l'une centrale, l'autre annulaire. Mais si, dans une formation rapide la masse centrale finit par englober la partie annulaire, dans une formation lente les deux foyers d'attraction subsistent indéfiniment.

Pour Saturne, en effet, en raison même de cette lente condensation de la masse, la pesanteur dans les régions extérieures ne pouvait augmenter sensiblement. Les amas qui formaient l'anneau, au lieu d'être fortement attirés vers le centre se sont donc vus répartis sur des orbites spiraloïdes très rapprochés de la forme circulaire. Dès lors, c'était une barrière qui, s'accroissant par l'adjonction de nouveaux matériaux, s'opposait à l'extension du noyau central en voie de formation.

En même temps, sa densité augmente et lui assure bientôt une stabilité que l'attraction trop faible, contrebalancée par la force centrifuge, ne saurait détruire. Cette densité ne semble guère devoir s'accroître dans la suite. On a cru, pendant longtemps, que cet anneau tournait tout d'une pièce. Puis on parvint à le décomposer à l'aide des plus forts instruments. L'application toute récente de la méthode spectroscopique à la recherche de sa rotation, prouve que cet anneau est formé d'un grand nombre d'anneaux concentriques, soumis dans leur mouvement à la loi des aires et tournant séparément.

Cette constatation, qui semble prouver une constitution analogue à celle d'un nuage cosmique, s'accorde mal avec l'idée d'un anneau détaché de la planète par la force centrifuge, et relègue dans le domaine du roman une semblable hypothèse (¹).

Nous laisserons le lecteur aborder l'étude particulière de chaque système de satellites. Cette étude, même incomplète, dépasserait les limites que nous nous sommes tracées dans ce court aperçu.

Arrivé à la fin de notre tâche, après avoir esquissé rapidement les grandes lignes de cette Cosmogonie nouvelle, qu'il nous soit permis de souhaiter la bienvenue à la Théorie que nous avons résumée.

Est-ce à dire qu'elle doit être l'expression complète de la vérité ? On se méprendrait sur la valeur de l'hypothèse en général, si on cherchait en elle autre chose qu'un moyen de parvenir, par des déductions légitimes et comme pas à pas, à la conquête du vrai. C'est donc faire œuvre utile que de bâtir des hypothèses sur de solides fondements. Chacune apporte sa part de vérité et chacune aussi fait avancer vers l'inconnu. On a parfois comparé l'hypothèse à une courbe qui serait astreinte à passer par certains

---

(1) L'expérience de Plateau qu'on a souvent citée pour expliquer la formation de l'anneau de Saturne ne prouve en aucune façon que l'existence de cet anneau est due à la force centrifuge. Dans cette expérience classique l'anneau tourne en effet tout d'une pièce tandis que, en réalité, les différentes parties de l'anneau de Saturne ainsi que nous l'avons vu sont animées de vitesses en rapport avec leur distance au centre.

points. La comparaison semble juste. Chaque fait constaté détermine un nouveau point de la courbe ; l'allure de celle-ci chaque jour se dessine et se précise davantage jusqu'au moment où des données suffisantes permettent au mathématicien d'en donner la formule.

En ce qui concerne les hypothèses cosmogoniques on serait mal venu à l'heure présente, si on prétendait affirmer que notre monde n'est pas le résultat d'une série de transformations de la nébuleuse primitive.

D'ailleurs l'étude du ciel ne semble-t-elle pas d'elle-même inviter l'observateur à rapprocher, par une analogie légitime, la formation de notre système solaire de celle des mondes lointains disséminés dans les profondeurs de l'espace ? De quelque côté que nous portions nos regards, en quelque endroit du ciel où se tournent les gigantesques instruments de nos observatoires, partout où la plaque photographique, habilement dirigée, a fixé des milliers d'étoiles, partout nous avons découvert ces nébulosités plus ou moins brillantes, poussière cosmique que les siècles futurs viendront agglomérer.

Par la variété de leurs aspects, ces nébuleuses semblent nous présenter les phases successives que nous avons traversées. Ici, répandue dans une sphère qui semble homogène, c'est la poussière du chaos qui déroute notre analyse spectrale ; plus loin, c'est l'anneau nébuleux d'un monde qui commence, puis les soleils qui se forment au centre de ces amas, où se promènent avec une lenteur qui confond quelques noyaux brillants, fondements déjà posés des planètes futures.

Notre monde a donc commencé ainsi. Sphère obscure à l'origine, puis ellipsoïde aplati qui s'illumine dans les profondeurs du ciel ; voilà maintenant, au maximum de densité, l'apparition d'un anneau nébuleux autour d'un pâle Soleil naissant. Mais la gravitation, avec ses lois inexorables, continue son œuvre. Elle dissémine çà et là les foyers circulaires d'attraction, et, comme pour mieux définir leur domaine, elle fait naître une onde qui, partant des régions extrêmes où gravite Neptune, vient donner à chaque anneau l'étendue qui lui convient. Puis les satellites se forment des matériaux voisins qui ne sont point condensés. Les comètes vagabondes se précipitent dans leur course échevelée vers les régions qui avoisinent le Soleil, pour gagner ensuite, d'une marche plus lente, les confins de notre monde.

Tout se meut et tend vers un état d'équilibre final.

Suivant toutes les probabilités, les satellites — ainsi que le montre l'accélération du mouvement de la Lune — viendront se réunir aux planètes qui, un jour, tomberont elles-mêmes sur le Soleil.

Les Humanités variées qui se seront succédé peut-être, dans la suite des âges, auront depuis longtemps disparu de ces mondes glacés lorsque chaque globe viendra, dans une effrayante collision, se vaporiser au contact de l'astre central. — Ainsi finiront les mondes. — Celui qui les a créés une fois peut les faire renaître à son gré. Les desseins du Créateur sont insondables, mais sans nous lasser jamais de chercher la Vérité, nous devons remercier Dieu lorsqu'il soulève un peu du voile qui la dérobe à nos regards.

L'ABBÉ TH. MOREUX.

Formation Mécanique

DU

Système du Monde

INTRODUCTION

Les progrès de l'astronomie ont fait disparaître depuis longtemps l'antique croyance à l'immutabilité des mondes célestes : l'Univers nous donne plutôt l'idée d'un changement perpétuel. Tout est mouvement dans la nature; on pourrait presque dire tout tourne, car ces points brillants que l'on appelait autrefois étoiles fixes sont des soleils comme le nôtre, qui se déplacent dans le ciel en tournant aussi sur eux-mêmes. Ils sont sans doute accompagnés d'un cortège plus ou moins nombreux de satellites qui gravitent autour d'eux dans un sens ou dans l'autre. La perfection croissante de nos moyens d'investigation nous a permis de reconnaître l'existence de quelques-uns de ces satellites. Il y a des étoiles doubles, des étoiles triples, des amas d'étoiles, des nébuleuses en spirale qui ressemblent à d'immenses tourbillons. Ces systèmes stellaires, dont tous les éléments se meuvent à la fois autour de leur propre centre de gravité et autour du centre de gravité commun, font peut-être partie d'autres systèmes aux dimensions gigantesques dans lesquels les mouvements sont régis d'après les mêmes lois. On dirait que l'Univers entier a pris naissance au sein d'un tourbillonnement général.

La chose ne paraît pas douteuse pour le système solaire, formé d'un ensemble de systèmes planétaires assez semblables à lui, dans chacun desquels les satellites se meuvent circulairement et dans un sens déterminé autour d'un astre central. Il est donc logique de croire que ces mouvements ont une cause commune et résultent, par exemple, d'une rotation plus ou moins régulière imprimée à la nébuleuse d'origine. Aussi, celui qui voudrait aujourd'hui échafauder une théorie cosmogonique sans faire intervenir un mouvement giratoire initial, risquerait fort d'être accueilli avec défiance, sinon avec incrédulité. Nous essayerons toutefois de montrer que ce tourbillonnement n'a rien de primordial, qu'il provient simplement de ce que les corps célestes ont des dimensions infiniment petites comparativement à l'espace immense dans lequel étaient disséminés les matériaux du chaos primitif, et que, dans la région de ce chaos où le système solaire lui-même a pris naissance, il ne pouvait rien exister qui ressemblât, de près ou de loin, à un mouvement tourbillonnaire.

C'est presque une théorie nouvelle que nous allons développer, théorie dont le point de départ, en opposition avec les idées généralement admises, nous suscitera peut-être d'abord plus d'un contradicteur. Que le lecteur veuille bien nous accorder quelque crédit et attendre, avant de prononcer son jugement définitif, d'avoir pénétré au cœur de la question ; il verra que dans un lambeau détaché du chaos général, où certaines conditions de forme extérieure et de distribution des matériaux à l'intérieur se trouvent réalisées, les mouvements initiaux, quels qu'ils soient, dégénèrent forcément en une véritable rotation.

Nous ne saurions évidemment poser les bases de notre travail avant d'avoir dit quelques mots des hypothèses cosmogoniques les plus connues et d'en avoir fait ressortir les points faibles ; nous voulons parler de l'hypothèse déjà ancienne de Kant, aujourd'hui complètement abandonnée, et de celles plus récentes de Laplace et de M. Faye entre lesquelles se partage encore le monde savant.

CHAPITRE IER

LES HYPOTHÈSES COSMOGONIQUES

Hypothèse de Kant. — Hypothèse de Laplace. — Hypothèse de M. Faye. — Leur insuffisance. — Conditions auxquelles doit satisfaire une théorie cosmogonique. — Hypothèse proposée.

HYPOTHÈSE DE KANT

Kant est le premier auteur qui, à notre connaissance, ait cherché à expliquer mécaniquement la formation du système solaire suivant les lois de la gravitation universelle. Son point de départ est des plus simples ; le voici, d'après la traduction qu'en donne M. Faye dans son livre : *Sur l'Origine du Monde,* p. 134 :

« Admettons qu'à l'origine la matière du Soleil et
« des planètes ait été répandue dans tout l'espace in-
« ter-planétaire et qu'il se soit trouvé quelque part, là
« où le Soleil s'est formé, une légère prépondérance
« de densité et par suite d'attraction. Aussitôt une
« tendance générale s'est prononcée vers ce point ; les
« matériaux y ont afflué et, peu à peu, cette masse
« première a grandi. Bien que des matériaux de den-
« sité différente se trouvassent partout, cependant les

« plus lourds ont dû particulièrement se presser dans
« cette région centrale ; car, seuls, ils ont réussi a pé-
« nétrer à travers ce chaos de matériaux plus légers et
« à s'approcher du centre de la gravitation générale.
« Or, dans les mouvements qui devaient résulter de
« la chute inégale de ces corps, les résistances pro-
« duites entre les particules se gênant les unes les
« autres n'ont pu être si facilement les mêmes, en
« tous sens, qu'il n'en soit résulté, çà ou là, des dévia-
« tions latérales. En pareil cas s'applique une loi
« générale des réactions mutuelles des corps, à savoir
« que ces corps se détournent en tâtonnant, pour ainsi
« dire, jusqu'à ce qu'ils aient trouvé le chemin de la
« moindre résistance. Ces déviations latérales abou-
« tissent donc forcément à une circulation commune
« dans le même sens et dans la même région. Et
« même les particules dont le Soleil a été formé lui
« sont parvenues affectées déjà par ce genre de dévia-
« tion, en sorte que le corps résultant, le Soleil, s'est
« trouvé animé d'une rotation dans le même sens. »

M. Faye fait suivre cet exposé des réflexions suivantes :

« C'est ici qu'est l'erreur... En rejetant toute idée d'un
« tourbillonnement primitif, en ne tenant compte que
« de l'attraction et des actions mutuelles des corpus-
« cules de la nébuleuse, les mouvements de circulation,
« possibles également dans les deux sens, se produi-
« ront également dans les deux sens à la fois. Parmi
« les molécules de cette vaste nébuleuse, les unes
« prendront leur droite, les autres leur gauche ; mais

« alors si vous considérez les aires décrites par les
« rayons vecteurs de toutes ces nébuleuses et projetées
« sur un plan quelconque, ces projections, les unes
« positives, les autres négatives, parce qu'elles sont
« décrites en sens contraire, auront une somme rigou-
« reusement nulle. Ainsi le veut la Mécanique; or cela
« ne ressemble pas du tout au système solaire. »

Ces observations sont justes, mais nous ferons voir qu'il n'est pas nécessaire de recourir à un tourbillonnement initial pour arriver à l'état actuel du système. Il faudrait, d'ailleurs, trouver l'explication de ce mouvement tourbillonnaire qui peut avoir lui-même une cause mécanique. Il est infiniment plus simple de ne rien préjuger sur les mouvements initiaux ; cela dispense de toute hypothèse autre que l'intervention divine à laquelle on est toujours obligé d'avoir recours.

HYPOTHÈSE DE LAPLACE

Ce grand géomètre, frappé de cette circonstance que, dans le système solaire, tous les mouvements connus de son temps étaient de même sens, a cru pouvoir en attribuer l'origine à la condensation progressive d'une nébuleuse animée d'une véritable rotation. Il suppose que, dans l'état primitif, l'atmosphère du soleil, dilatée par une chaleur excessive, s'étendait au-delà des orbes de toutes les planètes et qu'elle s'est resserrée ensuite jusqu'à ses limites actuelles. La force centrifuge développée par la rotation empêche cette atmosphère de s'étendre indéfiniment. A mesure que le refroidissement resserre toute la masse et condense à la surface de l'astre les molécules qui en sont voisines, le mouvement de rotation augmente ; la force centrifuge équatoriale, devenant ainsi plus grande, balance la pesanteur, et l'atmosphère, en se retirant, abandonne successivement des zones de vapeurs dans le plan de l'équateur. Ces zones forment des anneaux concentriques qui donnent ensuite naissance aux planètes.

Cette hypothèse a été acceptée avec enthousiasme et enseignée pendant longtemps presqu'à l'égal d'une vérité démontrée. Les découvertes récentes sont venues la contredire. M. Faye en a fait une juste critique. Nous ne nous attarderons pas à la discuter, d'autant moins qu'elle repose sur un principe qui paraît contraire aux lois de la physique, savoir : la possibilité de diffuser les gaz ou les vapeurs presqu'indéfiniment et de les amener à un état d'extrême rareté, tout en leur conservant leurs propriétés élastiques (1).

---

(1) Dans une note présentée à l'Académie des sciences (Comptes-rendus, 1884, 2ᵉ semestre, p. 903), M. Maurice Fouché a démontré que, dans l'hypothèse de Laplace, la condensation de la nébuleuse aurait été si grande au temps de la formation de Neptune que la masse de la partie extérieure au Soleil eût à peine dépassé celle de toutes les planètes réunies. Cette répartition de la matière est incompatible avec l'idée que l'on doit se faire d'une nébuleuse formée de gaz ou de vapeurs élastiques susceptibles de développer de la chaleur par condensation, suivant la manière la plus plausible d'interpréter l'hypothèse de Laplace. En effet, il faut bien admettre que la pression et la densité varient à l'intérieur de la masse suivant une loi qui se rapproche plus ou moins de la loi de Mariotte, et dans ce cas le calcul montre que la pression et la densité sont inversement proportionnelles au carré du rayon de chaque couche de niveau. Le moment d'inertie de la nébuleuse ainsi constituée est égal au $5/9$ du moment d'inertie de la même nébuleuse supposée homogène, tandis que d'après M. Maurice Fouché, il devait être au plus égal à la $1/600$ partie de ce dernier à l'époque de la for-

HYPOTHÈSE DE M. FAYE

Elle se différencie de la précédente en ceci : M. Faye étend sa théorie à l'Univers entier qu'il suppose dépourvu de chaleur d'origine. L'incandescence du Soleil et des étoiles résulte de la concentration de la matière primitivement disséminée dans l'espace sous forme de chaos. Les comètes, étoiles filantes, proviennent comme le Soleil et les planètes d'un même lambeau de ce chaos. Ces divers lambeaux, composés de particules plus ou moins ténues, mais indépendantes dans leurs mouvements, n'ont rien de commun avec la nébuleuse de Laplace composée de gaz ou de vapeurs élastiques.

Au surplus, voici le point de départ de toute la théorie, tel qu'il est donné par l'auteur lui-même, dans son remarquable ouvrage : *Sur l'Origine du Monde*, p. 256.

« A l'origine, l'Univers se réduisait à un chaos géné-
« ral excessivement rare, formé de tous les éléments
« de la chimie terrestre plus ou moins mêlés et con-
« fondus. Ces matériaux, soumis d'ailleurs à leurs
« attractions mutuelles, étaient dès le commencement
« animés de mouvements divers qui en ont provoqué

---

mation de Neptune. On voit immédiatement à quelles contradictions conduit l'hypothèse de Laplace. Si on prend pour point de départ une masse gazeuse, cette masse a un moment d'inertie beaucoup trop grand pour donner une rotation capable d'aboutir à un abandon d'anneaux dans le plan de l'équateur. Si l'on veut obtenir un moment d'inertie convenable, on est réduit à imaginer une nébuleuse formée de deux parties distinctes, également dépourvues d'élasticité, l'une parce qu'elle est déjà à peu près condensée, l'autre parce qu'elle est encore trop raréfiée.

« la séparation en lambeaux ou nuées. Ceux-ci ont
« conservé une translation rapide et des girations intes-
« tines extrêmement lentes. Ces myriades de lambeaux
« chaotiques ont donné naissance, par voie de conden-
« sation progressive, aux divers Mondes de l'Univers. »

Nous n'entreprendrons pas l'analyse des développements que M. Faye donne à son hypothèse pour expliquer la formation des étoiles simples, des étoiles doubles et du système solaire. Nous renvoyons le lecteur aux belles pages écrites par l'éminent auteur lui-même ; il pourra mieux saisir les observations suivantes faites par M. Wolf et celles que nous allons y ajouter :

« Difficulté de comprendre comment la matière d'un anneau a pu se rassembler en une planète unique.

« Explication encore à chercher de l'obliquité des axes de rotation des planètes ;

« En revanche, l'hypothèse de M. Faye explique mieux que celle de Laplace comment la terre a eu le temps de parcourir ses longues périodes géologiques... Cependant il ne faut pas oublier qu'elle ne peut pas fournir aux périodes géologiques plus de 20 à 30 millions d'années, tandis que, au dire de M. Faye lui-même, les géologues demandent au moins 100 millions d'années. »

« Il paraît donc bien difficile de se prononcer dès à présent en faveur de l'une ou l'autre théorie. Toutes deux sont sujettes à des difficultés inhérentes à l'hypothèse nébulaire elle-même et à la conception de l'état primitif des planètes sous forme d'anneaux ([1]). »

([1]) Wolf. *Les Hypothèses Cosmogoniques*, p. 73.

Ces deux hypothèses entre lesquelles M. Wolf hésite à se prononcer ont donc ceci de commun qu'elles font dériver le système solaire d'une nébuleuse possédant à l'origine un mouvement tourbillonnaire plus ou moins régulier, soit une rotation, soit des girations intestines dirigées dans le même sens et dans le même plan. Il semble, en effet, qu'il ne puisse en être autrement, étant donné le mouvement actuel, circulaire, direct, de toutes les planètes. Nous ferons remarquer cependant que cette conception, résultant d'une idée préconçue, nuit à la vraisemblance de l'une ou l'autre hypothèse. Que demande-t-on à une théorie cosmogonique? C'est de nous faire remonter jusqu'à un état initial de la matière tel qu'on ne puisse concevoir un état antérieur ni même plus simple. Sans doute, il n'eût pas été plus difficile à Dieu de créer l'Univers dans son état de perfection complète que de faire dériver cet état d'une espèce de chaos informe. Pourtant notre esprit se refuse à croire à la préexistence d'un arrangement méthodique qui pourrait être le résultat d'un laborieux calcul[1]. Lorsqu'on étudie les mouvements des corps célestes on est frappé des complications variées qu'ils présentent, bien qu'ils n'obéissent qu'à une loi simple et immuable, la gravitation universelle. Cette diversité des Mondes semble être la conséquence du jeu des forces naturelles agissant depuis l'origine du temps sur la matière dont les qualités inhérentes sont la transformation et le changement. Et si ces transformations se sont multipliées depuis le commencement, on doit, en remontant assez haut

---

(1) Voir à ce sujet ce que dit M. Faye sur les idées des successeurs de Newton : *Sur l'Origine du Monde*, p. 124.

dans le passé, revenir successivement à des états de plus en plus simples jusqu'à un état initial qui ne puisse lui-même dériver d'un autre plus simple et pour lequel on soit obligé de recourir à l'intervention divine, c'est-à-dire à la Création. Une hypothèse cosmogonique, pour être complète, doit pouvoir nous conduire jusque-là et nous ramener ensuite *mécaniquement,* si j'ose le dire, à l'état actuel.

Or, cette condition n'est pleinement réalisée dans aucune des hypothèses précédentes. Il est bien clair que la nébuleuse de Laplace, avec sa rotation uniforme, peut résulter d'un état antérieur; il en est de même des lambeaux chaotiques de M. Faye, puisque ces lambeaux emportent dans leur sein des girations intestines qui se retrouvent dans les globes planétaires, comme conséquence de la rupture des anneaux. C'est pourquoi toute théorie dans laquelle la formation des satellites autour des planètes est calquée sur la formation des planètes autour du Soleil doit être considérée, sinon comme fausse, au moins comme incomplète. Si les systèmes secondaires ont passé successivement par les mêmes phases que le système principal, pourquoi celui-ci ne résulterait-il pas également d'un système antérieur, et ainsi de suite indéfiniment? Où devra-t-on s'arrêter, puisqu'il n'y a aucune limite ni d'un côté ni de l'autre? On croit être arrivé à l'Origine du Monde et on n'est qu'au début de la formation d'un système.

Toutefois, le point de départ admis par M. Faye, si on en excepte les girations intestines, doit être celui de toutes les théories cosmogoniques ayant pour base la communauté d'origine des Mondes de l'Univers. Cette communauté d'origine paraît d'ailleurs suffisamment attestée par l'incandescence des étoiles et la presqu'identité de leur composition chimique. Si l'on veut remonter jusqu'au commencement, avant que les forces qui régissent la matière aient pu modifier la répartition initiale, il faut bien prendre pour point de départ la diffusion de cette matière dans l'espace et pousser cette diffusion jusqu'à ses dernières limites ; puisque la principale des forces naturelles, l'attraction universelle, est, comme le fait justement observer M. Faye, l'opposé de toute tendance à la diffusion.

D'autre part, l'Univers étant composé d'une multitude innombrable de corps qui se meuvent dans tous les sens, suivant les lois de l'attraction, il est nécessaire de faire remonter la source du mouvement jusqu'à l'origine ; mais on doit s'abstenir de faire aucune hypothèse sur la grandeur et le sens des mouvements initiaux. Si l'on astreint quelques-uns d'entre eux à suivre une loi systématique, on admet implicitement qu'ils peuvent être dus à une cause antérieure, ce qui oblige à remonter plus haut.

On conçoit d'ailleurs très bien qu'un chaos général excessivement rare, formé de matériaux animés de mouvements quelconques, puisse se partager en lambeaux. C'est uniquement à la diversité des figures prises à l'origine par tous ces lambeaux chaotiques, — figures qui résultent elles-mêmes des mouvements initiaux, — qu'il faudra demander l'explication de l'inépuisable variété des Mondes de l'Univers.

CHAPITRE PREMIER

HYPOTHÈSE PROPOSÉE

C'est donc un point définitivement acquis qu'il faut prendre la matière en mouvement et la diffuser sans limite dans l'espace actuellement occupé par les corps célestes et nous devons poser en principe que :

A l'origine, l'Univers se réduisait à un chaos général extrêmement rare, formé d'éléments divers mus en tous sens et soumis à leurs attractions mutuelles.

Puis nous ajoutons immédiatement, comme conséquence de cet état initial :

Ce chaos s'est partagé en lambeaux qui ont donné naissance, par voie de condensation progressive, à tous les Mondes de l'Univers.

Comme on le voit, cette hypothèse ne diffère de celle de M. Faye que par la suppression des girations intestines. Nous voilà revenus aux idées de Kant, avec le mouvement en plus, non pas le mouvement régulier de la rotation ou des tourbillons, mais le mouvement sans ordre apparent. C'est assurément le cas de dire ici :

« Il semblera tout d'abord bien difficile qu'une hypo-
« thèse aussi simple rende compte de cette profusion
« de mondes que présente l'Univers, de ces nébuleu-
« ses, de ces amas d'étoiles, des étoiles isolées, des
« étoiles doubles et triples, et par-dessus tout de notre
« propre monde tout plat, avec son soleil central, ses
« planètes qui sont elles-mêmes des mondes en minia-

« ture, de ses milliers de comètes. On nous accordera
« du moins que les conditions initiales et les forces
« étant données pour un lambeau chaotique, les lois
« de la Mécanique feront connaître le Monde qui en
« sortira (¹). »

Constatons avant tout qu'on ne peut pas concevoir un état antérieur à ce chaos, ni même un état plus simple. A l'exemple de tous ceux qui ont voulu remonter aux origines, nous avons dû demander à Dieu la matière en mouvement, disséminée dans l'espace, et les forces qui la régissent ; mais nous ne lui avons demandé que cela. Nous ne faisons aucune hypothèse sur la nature de ces mouvements ; nous les abandonnons entièrement à ce qu'on est convenu d'appeler le hasard (²). C'est en cela que l'hypothèse dont nous allons développer les conséquences diffère essentiellement de toutes celles qui ont été émises jusqu'ici ; c'est ce qui lui donne un caractère de vraisemblance et de généralité qui doit, *à priori*, la faire préférer à toute autre. L'hypothèse de Kant malgré son apparente simplicité, est moins générale que la nôtre, puisque la matière y est primitivement en repos ; le repos n'est qu'un cas particulier du mouvement.

---

(1) Faye, *Sur l'Origine du Monde*, p. 258.

(2) Le hasard n'est pas l'antithèse de toute loi, fait justement observer M. Bertrand. (*Calcul des Probabilités*. — Gauthier-Villars.) Ce mot, dont il est assez difficile de donner une définition exacte, éveille néanmoins en nous une idée suffisamment claire. Pour nous, nous ne comprenons guère une théorie cosmogonique dans laquelle les mouvements initiaux ne seraient pas abandonnés au hasard.

CHAPITRE II

ORIGINE DU SYSTÈME SOLAIRE

La matière en mouvement, disséminée dans l'espace sous forme de chaos général extrêmement rare. — Rupture du chaos et formation de lambeaux séparés. — Figures de ces divers lambeaux. — Relation entre ces figures et la circulation interne. — Théorème des aires. — Comparaison des aires décrites dans le système solaire avec celles que donnerait une rotation initiale ou un mouvement tourbillonnaire. — Le système solaire provient d'un lambeau ayant eu à l'origine la figure d'un sphéroïde aplati, une densité à peu près homogène et une circulation interne presque symétrique en tous sens. — Déformation du sphéroïde par suite des chocs intérieurs qui précipitent une partie de la matière vers le centre. — Premier aperçu sur la formation du système.

Nous venons de dire qu'à l'origine la matière était disséminée dans l'espace sous forme de chaos général extrêmement rare et qu'elle était en mouvement. La dispersion de tous ces éléments ainsi que la grandeur et le sens de leurs mouvements initiaux étaient abandonnés à ce que nous continuerons d'appeler le hasard. Nous admettrons seulement qu'en raison de l'extrême diffusion de la matière, les molécules se mouvaient en toute liberté à l'intérieur de ce chaos — hormis le cas de rencontres accidentelles — c'est-à-dire sans frottements ni pression. La trajectoire décrite par chacune d'elles résultait uniquement de la combinaison de sa vitesse d'origine avec la pesanteur interne. Cette supposition est non seulement permise, mais presque obligée, et elle ne surprendra pas ceux qui connaissent l'extrême parcimonie avec laquelle la matière est répandue dans cet immense Univers.

Les mouvements intérieurs, absolument quelconques et dirigés en tous sens, ont provoqué nécessairement des déchirures au sein du chaos. Certaines régions se sont vidées au profit des autres. Les déchirures commencées ont continué à s'accroître par suite de la tendance générale de toutes les molécules à se porter vers les régions plus denses. Le chaos s'est ainsi partagé en lambeaux, suivant l'heureuse expression de M. Faye. Ces lambeaux possédaient un double mouvement de translation générale et de circulation interne. Leur figure ainsi que la grandeur et le sens de ces mouvements ont dû varier à l'infini. La plupart de ces figures étaient, sans doute, fort irrégulières et plus ou moins instables, en sorte que les lambeaux primitifs ont subi une série de déformations successives avant d'arriver à ce que nous voyons aujourd'hui ; leur double mouvement de translation et de circulation a été profondément modifié, soit en vertu de cette circulation même, soit à cause des influences extérieures. Mais il y a une loi de mécanique qui n'est d'abord qu'approchée et qui devient rigoureuse à partir du moment où les différentes parties du chaos, en se concentrant sur elles-mêmes, deviennent assez séparées les unes des autres pour que l'on puisse les considérer comme isolées dans l'espace. C'est la loi des aires, que nous pouvons, dans le cas actuel, énoncer comme il suit :

« Si, pour chaque lambeau en particulier, on projette sur un plan quelconque les aires décrites par les rayons vecteurs allant de son centre de gravité à toutes ses molécules, et si l'on en fait la somme algébrique ; le plan pour lequel cette somme est maximum conserve une direction fixe dans l'espace, et le maximum reste constant, quelles que soient les transformations ultérieures du système. »

La direction de ces divers plans et la valeur du maximum des aires ont dû également varier à l'infini d'un lambeau à un autre, comme les figures et les mouvements initiaux. Pour quelques systèmes, la somme des aires était presque insignifiante ; pour d'autres, elle était plus considérable, et elle a exercé une influence marquée sur leur figure actuelle. Il est clair, en effet, que, si cette somme était très faible, la presque totalité de la matière a dû se réunir au centre pour former une étoile prépondérante animée d'une rotation lente. Tel est le cas de notre Soleil. Si cette somme était plus considérable, la matière est allée se rassembler loin du centre en deux ou plusieurs masses de grandeur comparable, circulant autour de leur centre de gravité commun ; et il est facile de voir que, toutes choses égales d'ailleurs, dans un système d'étoiles doubles, le maximum des aires est atteint lorsque les deux composantes sont rigoureusement égales.

Ainsi, on doit déjà supposer que notre Monde provient d'un lambeau pour lequel la somme des aires était des plus faibles. On en acquiert la certitude en comparant ces aires à celles qui résultent du mouvement d'un système connu d'étoiles doubles. Cette comparaison est facile, car le mouvement de Jupiter détermine à lui seul un peu plus de la moitié des aires décrites dans le système solaire tout entier. On peut donc remplacer le Soleil et son cortège planétaire par un couple de deux étoiles ayant chacune à peu près la même masse que Jupiter et circulant autour d'un centre vide exactement comme Jupiter sur son orbite. Les éléments du système ainsi transformé, comparés à ceux des étoiles doubles les plus rapprochées de nous, α du Centaure et la 61ᵉ du Cygne, sont donnés dans le tableau suivant :

NOMS DES étoiles	PARALLAXE annuelle	MASSE TOTALE du système, celle du Soleil étant 1	GRANDEUR DES composantes	DEMI-GRAND AXE DE L'ORBITE		EXCENTRICITÉ de l'orbite	DURÉE DE LA révolution en années
				en secondes	en rayons de l'orbite terrestre		
α Centaure	0"72	2,1	1ʳᵉ — 2ᵉ	17"71	24,6	0,520	81,07
61ᵉ Cygne	0"44	0,2	5ᵉ,3 — 5ᵉ,9	29"48	67	0,174	782,6
Coup. Jupit	»	0,002	égales	»	5,2	nulle	11,86

Un calcul de mécanique très simple montre que pour les étoiles de la 61ᵉ du Cygne qui n'ont cependant qu'une faible masse, la somme des aires décrites dans un temps donné est environ 250 fois plus grande que dans notre système. Si on fait la même comparaison pour α du Centaure, dont la masse totale est un peu plus du double de celle du Soleil, on voit que le rapport des aires se chiffre par un nombre supérieur à 2 000, même en supposant les deux composantes de masses assez différentes.

Ce rapprochement, qui n'était pas possible au temps de Laplace, n'a peut-être pas suffisamment attiré l'attention de ses successeurs. Ce qui frappe surtout dans le système solaire, ce sont les mouvements circulaires et de même sens des planètes autour du Soleil et des satellites autour de leur planète. Si l'on admet que cette multitude de corps célestes qui tournent ainsi régulièrement les uns autour des autres a même origine et provient de la condensation d'une masse chaotique plus ou moins volumineuse, on est tenté comme Laplace, d'imprimer à cette masse une rotation d'ensemble, ou d'y introduire des girations intestines à l'exemple de M. Faye. Sans cela, il semble matériellement impossible, non seulement d'arriver à cette circulation unique, mais même d'obtenir le total des aires décrites aujourd'hui dans le système, et on court le risque d'être accusé, avec Kant, d'avoir oublié les principes les plus élémentaires de la Mécanique.

Nous allons aborder la question par une autre face et comparer les aires décrites dans le système actuel à celles que donnerait une circulation de même sens dans une masse chaotique, comprenant toute la matière du Soleil et des planètes disséminée autant qu'elle pouvait l'être à l'origine.

Supposons que le système tout entier puisse se transformer de lui-même, par le seul jeu des forces naturelles, en une sphère homogène allant jusqu'à l'orbite de la Terre ; le calcul montre que cette sphère tournerait sur elle-même en un peu plus de 100 ans. Si on étend, par la pensée, le rayon de cette sphère jusqu'aux limites où l'attraction du Soleil, quoique très faible, l'emporte encore beaucoup sur celle des étoiles les plus voisines, c'est-à-dire à une distance au moins cent mille fois plus grande que le rayon de l'orbite terrestre, on sait que, pour conserver la même somme d'aires décrites dans un temps donné, il faudrait augmenter la durée de la rotation dans la proportion de un à cent mille au carré, ce qui conduirait au chiffre énorme de

1 000 milliards d'années.

Un mouvement aussi lent ressemble presque à l'immobilité, et bien que, dans son hypothèse, Laplace n'ait pas étendu l'atmosphère primitive du Soleil à des distances aussi prodigieuses, M. Faye a néanmoins pu lui reprocher avec raison d'avoir été excessif en dotant, dès le début, son Soleil et l'atmosphère tout entière d'une rotation régulière.

Cependant M. Faye n'en reste pas moins persuadé que « pour qu'une étoile ait des compagnons grands ou petits, circulant autour d'elle dans un sens déterminé, il faut que le chaos partiel d'où elle est sortie ait possédé, *dès l'origine,* un lent mouvement tourbillonnaire affectant une partie de ses matériaux. » Et c'est pour cela qu'il introduit dans le chaos générateur du système solaire des girations intestines orientées dans un même sens et dans un même plan. Or, ces mouvements giratoires paraissent réservés à des milieux fluides dans lesquels des courants voisins, animés de vitesses différentes, peuvent exercer des frottements les uns sur les autres ; ils ne peuvent exister à l'intérieur d'une masse chaotique dont tous les éléments, très éloignés les uns des autres, se meuvent avec une indépendance complète, sans frottements ni pression. En outre, le calcul suivant montre que le lent mouvement tourbillonnaire dont parle M. Faye n'aurait affecté qu'une portion infime des matériaux du chaos primitif, absolument insuffisante pour expliquer la formation des grosses planètes.

Dans l'hypothèse de Laplace, où les molécules sont, dès l'origine, solidaires les unes des autres, on peut donner à leur ensemble un mouvement de rotation aussi lent qu'on voudra ; mais il n'en est plus de même pour une masse chaotique composée d'éléments qui se meuvent en toute liberté, et si cette masse est à peu près ronde et homogène, comme l'admet M. Faye, les molécules décrivent des ellipses concentriques et isochrones, orientées dans des plans diamétraux. La durée commune à toutes ces révolutions est imposée d'avance ; c'est celle qui conviendrait à une planète circulant aujourd'hui sur une orbite dont le rayon s'étendrait jusqu'aux confins du lambeau primitif, c'est-à-dire à une distance égale à cent mille fois le rayon de l'orbite terrestre. D'après la troisième loi de Képler, cette durée serait d'environ

32 millions d'années.

Si on rapproche ce dernier chiffre (32 milions) du chiffre de 1 000 milliards que nous avons obtenu en calculant quelle devait être la durée de rotation d'une sphère homogène de même rayon (cent mille fois celui de l'orbite terrestre) pour arriver au total des aires décrites dans le système solaire, on voit qu'il est au moins

30 000 fois plus faible ;

ce qui revient à dire que, si toutes les molécules se mouvaient dans le même sens à l'intérieur de la masse chaotique, l'ensemble de leurs révolutions donnerait une somme d'aires

30 000 fois trop forte (¹).

Il faut donc admettre l'existence initiale de deux circulations contraires, dont les aires, positives ou négatives, se détruisaient en partie, en sorte que la masse des molécules qui circulaient dans un sens surpassait de $\frac{1}{30\,000}$ seulement la masse de celles qui circulaient en sens opposé. Or, cela ne ressemble pas du tout à un mouvement tourbillonnaire.

On arrive au contraire à cette conclusion que :

A l'origine les molécules se mouvaient en tous sens à l'intérieur de la masse chaotique, les unes de droite à gauche, les autres de gauche à droite, dans chaque plan diamétral, de manière à établir une compensation approchée entre les deux circulations.

---

(1) Plus exactement 25 500, parce que dans l'intérieur d'une masse chaotique sphérique et homogène la plupart des molécules décrivent des ellipses moins ouvertes que le cercle, ce qui diminue la somme des aires projetées sur le plan du maximum dans la proportion de

$$\frac{8}{3\pi}.$$

Le calcul est facile à faire.

Revenons maintenant au point de départ de notre hypothèse :

A l'origine, l'univers se réduisait à un chaos général extrêmement rare, formé d'éléments divers mus en tous sens...

Supposons qu'il ait existé dans l'immensité de ce chaos une région relativement peu agitée, dans laquelle la matière ait été répartie d'une façon sensiblement uniforme, et où la circulation, presque égale en tous sens, se soit faite, en outre, sans trop changer la disposition générale des éléments (1). Nous avons tout lieu de croire que les premiers rudiments du monde solaire se sont formés dans une telle région. Cette probabilité deviendra une quasi-certitude, si nous parvenons à montrer que dans la même région les déchirures du chaos ont donné naissance à un lambeau de forme *à peu près ronde*. Il semble bien prouvé, en effet, que le système solaire ne peut provenir que d'une nébuleuse ayant eu autrefois la figure d'un sphéroïde plus ou moins aplati ; c'est la seule manière d'expliquer les mouvements circulaires des planètes. Or, dans la région que nous considérons, où tout est à peu près symétrique en tous sens, matière et mouvements, il est certain que la surface de rupture présentera la même symétrie

---

(1) Cette supposition ne doit éveiller aucune idée de règle systématique pour les mouvements initiaux à l'intérieur du chaos général. Des régions semblables à celle que nous envisageons ont dû exister, puisque dans l'espace indéfini toutes les combinaisons possibles de répartition de matière et de mouvement se sont trouvées réalisées ; mais la régularité qui leur est imposée doit faire penser qu'elles ont été fort rares.

et se rapprochera de la forme sphérique. De plus, cette figure sera relativement stable, puisque, par hypothèse, la circulation interne ne change guère la disposition générale des éléments.

Voilà déjà une partie du problème résolue. Sans faire aucune hypothèse systématique sur les mouvements initiaux, nous avons prouvé qu'il a dû exister quelque part un lambeau chaotique réalisant toutes les conditions voulues pour aboutir au système solaire, c'est-à-dire ayant à la fois une forme à peu près ronde, une densité grossièrement homogène et *une circulation interne presque symétrique* ([1]).

On conçoit aisément que la condensation de cette masse ait pu produire un monde assez semblable au nôtre, comprenant une étoile centrale prépondérante animée d'une rotation lente et entourée de satellites ayant, pour la plupart, des orbites circulaires. Mais ce qu'on s'explique moins facilement, — si on ne peut pas faire intervenir une rotation initiale, — c'est le passage de la forme sphérique du début à la figure plate qui est la caractéristique du système actuel. Cette difficulté disparaîtra immédiatement si on admet le moindre défaut de sphéricité, tel qu'un aplatissement primordial à peine sensible de toute la masse ([2]). On verra que

---

(1) Nous retrouvons l'hypothèse de M. Faye moins le mouvement tourbillonnaire.

(2) Une telle supposition n'a rien de particulier, elle est même nécessaire, car la sphère parfaite est une conception purement mathématique qui n'est réalisée nulle part, et la figure géométrique la plus probable d'une masse à peu près ronde est celle d'un sphéroïde aplati (ou allongé).

la coexistence de cet aplatissement avec les chocs intérieurs, suffit pour produire la déformation cherchée. Ces chocs paraissent d'ailleurs inévitables entre molécules dont les plans de circulation passent tous par le centre et dont les orbites se croisent en tous sens dans chaque plan.

Leur premier effet sera de précipiter une partie de la matière vers le centre ; la densité diminuera indéfiniment jusqu'à devenir nulle dans les régions supérieures en commençant par les plus éloignées ; elle augmentera d'une façon continue dans les régions centrales, sans dépasser une limite finie. Le sphéroïde se partagera ainsi en couches de densité décroissante depuis le centre jusqu'aux extrémités du rayon. A cause de la régularité approchée de la masse à l'origine, les chocs se produiront à peu près symétriquement autour du centre, et les couches d'égale densité devront présenter une certaine symétrie par rapport à ce même centre. Mais la masse ayant perdu son homogénéité, les orbites des molécules vont se déformer et il arrivera que :

Le sphéroïde s'aplatira de plus en plus jusqu'à prendre la forme lenticulaire ;

Le plan de symétrie de cette lentille deviendra le lieu de rassemblement des matériaux qui circulent à proximité ;

Cette agglomération de matière sous forme de disque mince provoquera, entre les circulations de sens opposé, une collision qui amènera la disparition de l'une d'elles dans le plan de symétrie ou équateur, et l'établissement d'une rotation dans ce même plan ;

En même temps, le disque équatorial se rompra suivant des lignes circulaires de moindre densité. Les anneaux ainsi formés, dans lesquels la circulation n'est pas encore uniformisée, se résoudront en planètes séparées.

La masse des planètes, leur âge, l'inclinaison de leur axe, le sens et la durée de leur rotation, et, en général, tous leurs éléments seront déterminés d'après leur distance au Soleil, comme conséquence mécanique de la figure initiale du lambeau chaotique.

C'est du moins ce que nous espérons montrer dans les chapitres suivants.

CHAPITRE III

FORMATION DU SYSTÈME PLANÉTAIRE

§ Ier

Equations du mouvement des molécules à l'intérieur du sphéroïde. — Accroissement de la pesanteur dans les régions polaires ; sa diminution dans la zone équatoriale. — Allongement des orbites dans le plan de l'équateur. — Passage de la forme sphéroïdale à la forme lenticulaire. — Lumière zodiacale.

La figure d'un lambeau chaotique dépend de la forme individuelle des trajectoires moléculaires, dont il peut être considéré comme l'enveloppe. Pour que cette figure soit réellement stable, il faut que les trajectoires soient des courbes fermées et que les révolutions soient isochrones, de façon que les molécules, revenant ensemble à leur point de départ et recommençant périodiquement les mêmes mouvements, puissent conserver indéfiniment la même distribution intérieure. Cela ne peut guère arriver que si le lambeau est parfaitement sphérique et homogène ; cas tellement particulier qu'il ne s'est probablement jamais rencontré. Les lambeaux les plus réguliers ont dû présenter, dès l'origine, des défauts de sphéricité ou d'homogénéité qui rendaient leur figure plus ou moins instable. En outre, la répartition de la matière a été nécessairement modifiée par suite des rencontres inévitables entre leurs molécules dont les orbites s'entrecroisaient dans toutes les directions.

L'analyse suivante montre qu'un aplatissement initial, même peu sensible, est une cause d'instabilité dont l'effet se traduit par une augmentation continue de l'aplatissement à mesure que les chocs précipitent la matière vers le centre. Les orbites, qui, dans un milieu sphéroïdal et à peu près homogène, sont presque des ellipses, se déforment aussitôt que la concentration de la masse fait varier la pesanteur interne. Elles s'allongent toutes dans le plan de symétrie du sphéroïde, en s'aplatissant dans une direction opposée. Ainsi une orbite telle que BCB'C' (fig. 1) dont le centre O se

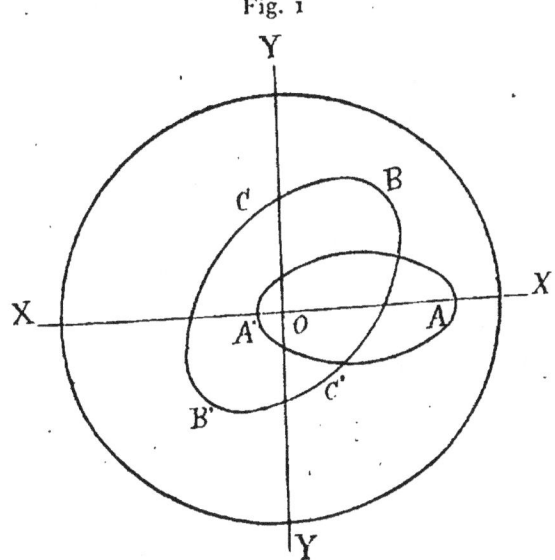

Fig. 1

confond d'abord avec celui du lambeau chaotique et dont le plus grand diamètre BB' est orienté dans une direction quelconque par rapport à l'équateur OX devient finalement une ellipse dont le foyer est en O et le grand axe AA' dirigé dans le plan de l'équateur, qui est le plan de symétrie du sphéroïde (¹).

Supposons, pour fixer les idées, que le lambeau chaotique ait la forme d'un ellipsoïde de révolution aplati ; nous avons déjà dit qu'il devait être à peu près homogène ; l'analyse permet alors de déterminer exactement la forme des trajectoires moléculaires à l'intérieur de l'ellipsoïde. Ces trajectoires sont, en général, des courbes gauches, sauf le cas où la vitesse initiale est dirigée dans un plan de symétrie, équateur ou méridien. Dans l'équateur, où la pesanteur est, en tous points, proportionnelle à la distance au centre, il n'y a que des ellipses. Dans les plans méridiens, les trajectoires ne sont pas toujours des courbes fermées et leur équation se détermine de la manière suivante.

Appelons :

a et b les deux axes de l'ellipse méridienne,

c la distance focale,

λ le rapport $\dfrac{c}{b}$,

D la densité de la masse,

x et y les coordonnées d'un point quelconque de l'ellipse,

X et Y les composantes de l'attraction en ce point, parallèlement aux deux axes de l'ellipse.

Si on désigne par α^2, β^2, deux coefficients dont la

---

(1) Dans la figure, l'orbite BCB'C' est supposée contenue dans un plan méridien ; cette hypothèse particulière adoptée pour la simplification du dessin ne nuit pas à la généralité de la démonstration.

valeur dépend uniquement de la forme extérieure et de la densité de l'ellipsoïde et qui ont pour expression

$$\alpha^2 = \frac{2\pi D (1 + \lambda^2)}{\lambda^3} \left(arc\, tg\, \lambda - \frac{\lambda}{1 + \lambda^2} \right),$$

$$\beta^2 = \frac{4\pi D (1 + \lambda^2)}{\lambda^3} (\lambda - arc\, tg\, \lambda),$$

on a
$$X = -\alpha^2 x,$$
$$Y = -\beta^2 y\,(^1).$$

Ces formules s'appliquent aussi à un point quelconque pris à l'intérieur de l'ellipsoïde ; car, si on suppose le point choisi placé à la surface d'un petit ellipsoïde concentrique et semblable au premier, les composantes de l'attraction exercée sur ce point par ce nouvel ellipsoïde auront exactement la même expression, puisque α et β dépendent uniquement de la forme et de la densité de l'ellipsoïde, et non de la grandeur de ses axes ; et on sait d'autre part que la couche comprise entre les deux ellipsoïdes semblables n'exerce aucune action sur les points qui sont situés à son intérieur.

Les équations différentielles du mouvement d'un point matériel dans le plan méridien sont donc :

$$\frac{d^2 x}{dt^2} = -\alpha^2 x,$$

$$\frac{d^2 y}{dt^2} = -\beta^2 y.$$

---

(1) Nous renvoyons le lecteur, pour la démonstration de ces formules, aux *Éléments de Mécanique céleste*, de M. Résal. — Gauthier-Villars, Paris.

L'intégration donne successivement,

$$1° \begin{cases} dt = \dfrac{\pm\, dx}{\sqrt{A^2 - \alpha^2 x^2}}, \\ dt = \dfrac{\pm\, dy}{\sqrt{B^2 - \beta^2 y^2}}, \end{cases}$$

$$2° \begin{cases} x = \dfrac{A}{\alpha} \sin(\varphi + \alpha t), \\ y = \dfrac{B}{\beta} \sin(\psi + \alpha t), \end{cases}$$

A, B, φ et ψ étant des constantes qui définissent les conditions initiales du mouvement.

Si on nomme x_0, y_0, les coordonnées du mobile à l'instant choisi pour origine du temps, v et u les composantes de sa vitesse en cet instant, on trouve :

$$A = \sqrt{\alpha^2 x_0^2 + v^2}, \qquad tg\varphi = \dfrac{\alpha x_0}{v},$$

$$B = \sqrt{\beta^2 y_0^2 + u^2}, \qquad tg\psi = \dfrac{\beta y_0}{u},$$

et les équations du mouvement, débarrassées de toutes constantes arbitraires, deviennent :

$$3° \begin{cases} x = \dfrac{v}{\alpha} \sin \alpha t + x_0 \cos \alpha t, \\ y = \dfrac{u}{\beta} \sin \beta t + y_0 \cos \beta t. \end{cases}$$

Elles définissent, chacune suivant l'un des axes de coordonnées, un mouvement oscillatoire, périodique et isochrone. La combinaison de ces deux mouvements donne une courbe de la famille de celles qui ont été décrites par *Lissajous* dans son étude optique des intervalles musicaux.

L'élongation maximum du mobile suivant l'axe des x est

$$E_x = \sqrt{x_0^2 + \frac{v^2}{\alpha^2}},$$

et suivant l'axe des y

$$E_y = \sqrt{y_0^2 + \frac{u^2}{\beta^2}}.$$

La trajectoire déroule ses circonvolutions à l'intérieur d'un rectangle dont les côtés, orientés parallèlement aux deux axes de l'ellipsoïde, ont pour longueur :

2 E_x, suivant l'axe équatorial,
2 E_y, suivant l'axe polaire (fig. 2).

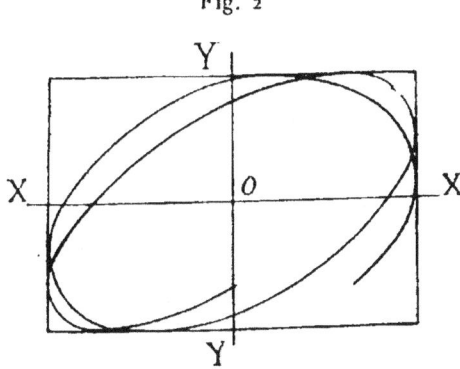

Fig. 2

Le rapport $\frac{E_y}{E_x}$ de ces deux côtés peut définir en quelque sorte l'aplatissement de la trajectoire. Cet aplatissement dépend lui-même de la figure de l'ellipsoïde. Il est aisé de voir que les coefficients α^2 et β^2 des composantes de la pesanteur varient en sens inverse l'un de l'autre lorsque l'ellipticité λ augmente ou diminue. Les formules citées plus haut donnent en effet,

$$2\alpha^2 + \beta^2 = 4\pi D.$$

Si l'ellipsoïde se confond avec la sphère, α^2 et β^2 sont égaux entre eux et à

$$\frac{4}{3}\pi D.$$

Si l'ellipticité $\left(\lambda = \frac{c}{b}\right)$ augmente indéfiniment, α^2 devient nul et β^2 tend vers

$$4\pi D.$$

Il en résulte que, si à un moment quelconque, pris pour nouvelle origine du temps, la surface extérieure de l'ellipsoïde vient à s'aplatir, toutes les orbites moléculaires s'aplatiront avec elle puisque l'élongation suivant l'axe équatorial,

$$\sqrt{x_0^2 + \frac{v^2}{\alpha^2}},$$

augmentera, tandis que l'élongation perpendiculaire,

$$\sqrt{y_0^2 + \frac{u^2}{\beta^2}},$$

diminuera.

Dans le cas qui nous occupe, cette augmentation d'aplatissement est la conséquence des chocs intérieurs qui, en précipitant une partie de la matière vers le centre, font varier la pesanteur à la surface de l'ellipsoïde et l'augmentent près du pôle pour la diminuer à l'équateur.

Soit, en effet, ABA'B' l'ellipse qui représente la section méridienne du lambeau primitif (fig. 3). En rai-

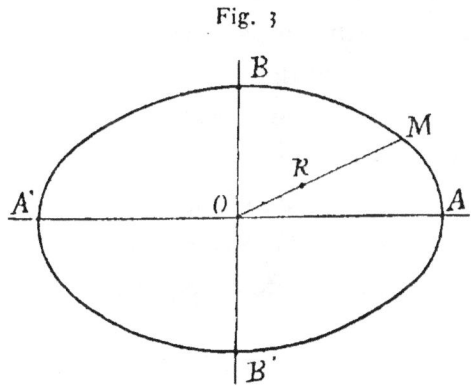

Fig. 3

son de l'homogénéité, la pesanteur est, le long de chaque rayon OM, proportionnelle à la distance OR (¹). La pesanteur à la surface va en diminuant le long du méridien BMA depuis le pôle B jusqu'à l'équateur A; mais cette variation est moindre que celle de l'inverse du carré du rayon OM (²), tandis qu'elle lui serait égale si toute la masse du sphéroïde était transportée à son centre. Supposons que la masse cesse d'être homogène sans changer de figure et que la matière, se raréfiant de plus en plus au voisinage de la surface, finisse par se réunir au centre. La pesanteur augmentera dans les régions voisines du pôle pour

---

(1) On a vu plus haut que les composantes de la pesanteur en un point quelconque pris sur la surface où à l'intérieur de l'ellipsoïde sont proportionnelles aux coordonnées de ce point. Le long d'un même rayon la pesanteur est donc proportionnelle à la distance au centre.

(2) Cela résulte de la discussion des formules qui donnent les variations de pesanteur à la surface de l'ellipsoïde.

diminuer auprès de l'équateur jusqu'à devenir inversement proportionnelle au carré du rayon, et il y aura sur l'ellipse un point M pour lequel la pesanteur n'aura pas varié ([1]). La même chose arriverait le long de la ligne BMA, si l'ellipsoïde, tout en restant homogène et semblable à lui-même, diminuait indéfiniment de volume jusqu'à se réduire à son centre. En définitive, tout commencement de condensation est accompagné d'un accroissement de la pesanteur au pôle et d'une diminution correspondante à l'équateur.

Suivons maintenant la marche d'une molécule qui se meut dans la couche superficielle limitée par les deux surfaces semblables ABA′B′ et $aba'b'$ (fig. 4),

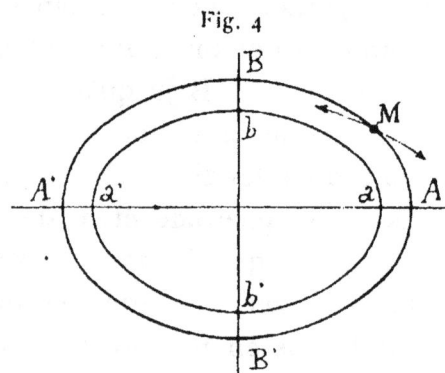

Fig. 4

et supposons que, dans l'intervalle d'une révolution, cette couche se soit en partie vidée. Si la molécule va du point M où la pesanteur est invariable au point B où la pesanteur a augmenté, elle prendra la direction

---

[1] Pour un faible aplatissement, ce point a pour sinus carré de latitude $\frac{1}{3}$.

indiquée par la flèche et se rapprochera du centre ; elle s'en éloignera, au contraire, si elle va de M vers A où la pesanteur est devenue plus faible. Son orbite va donc s'aplatir dans la direction BO et s'allonger dans la direction OA. Cette augmentation d'aplatissement de la couche superficielle se propage aussitôt à l'intérieur et toutes les orbites moléculaires se déforment en s'aplatissant dans le même sens.

La déformation commencée s'accentue de plus en plus, car la pesanteur ne cesse d'augmenter vers le pôle et de diminuer à l'équateur à mesure que la condensation progresse. Il est vrai de dire que les formules données plus haut ne s'appliquent pas rigoureusement au mouvement des molécules à l'intérieur de la nébuleuse lorsque celle-ci a perdu son homogénéité, puisque la pesanteur cesse d'être, le long de chaque rayon, proportionnelle à la distance au centre. Mais l'aplatissement des orbites n'en continue pas moins à croître. Ainsi une molécule qui, dans un milieu homogène, décrirait la trajectoire ABCDE (fig. 5), traverse en

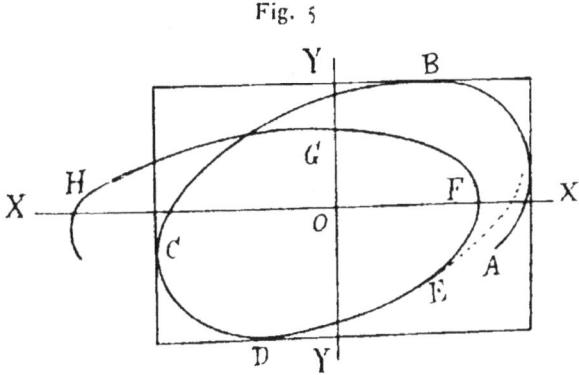

Fig. 5

approchant du point E les régions intérieures de la nébuleuse où l'augmentation de densité produit un accroissement de pesanteur ; elle se trouve plus fortement attirée vers le centre, dont elle se rapproche suivant la courbe DEFG tout en gagnant de la vitesse ; puis elle s'éloigne dans une direction GH opposée à GF à une distance d'autant plus grande qu'elle a gagné plus de vitesse et que la pesanteur est devenue plus faible dans les régions où elle arrive. L'orbite se décentre ainsi de plus en plus à mesure qu'elle s'aplatit et, lorsque les chocs ont fait tomber au centre la plus grande partie de la matière nébulaire, les molécules qui ont encore échappé à la condensation décrivent des ellipses dont le foyer est occupé par le soleil et le grand axe allongé dans la direction de l'équateur. Le contour méridien de la nébuleuse, enveloppe de toutes les orbites, passe ainsi progressivement de la forme à peu près ronde à la forme lenticulaire (fig. 6) (¹).

Fig. 6

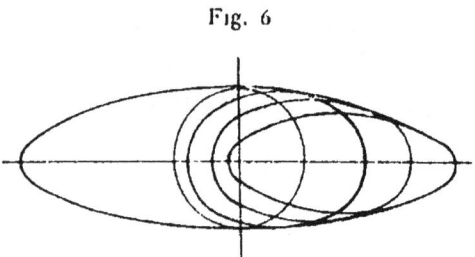

Si, malgré l'aplatissement continu des orbites à l'intérieur de la nébuleuse, une molécule dont la trajectoire était à l'origine allongée d'un pôle à l'autre, se trouve

---

(1) On verrait par un calcul analogue, quoique un peu plus compliqué, que les orbites qui ne sont pas contenues dans un plan méridien, ont aussi une tendance à l'aplatissement dans la direction de l'équateur.

lancée dans une direction EF très différente de celle de l'équateur (fig. 7), elle ne peut pas s'écarter beaucoup

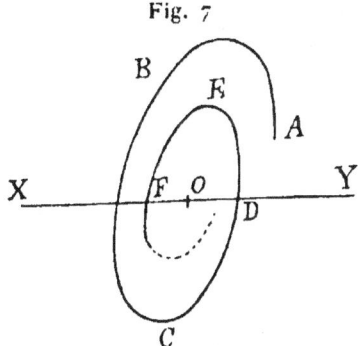

Fig. 7

du centre à cause de l'augmentation continue de la pesanteur dans toutes les régions qu'elle traverse. Son orbite doit prendre au contraire une direction rentrante qui provoque sa chute définitive sur le soleil (¹).

Il va sans dire que, la nébuleuse diminuant de volume en s'aplatissant, cet allongement des trajectoires dans le plan de l'équateur est essentiellement relatif. De même que, dans un mouvement vibratoire quelconque, les résistances passives réduisent progressivement l'amplitude des oscillations qui finissent par s'éteindre, ainsi les chocs et les frottements intérieurs font perdre aux molécules la plus grande partie de leur vitesse. Toute la matière converge vers le centre, à l'exception des molécules qui, décrivant à l'origine de larges ellipses presque circulaires, n'ont pénétré que tardivement au cœur de la nébuleuse.

---

(1) Il y a lieu de remarquer aussi que dès que l'ellipsoïde est un peu aplati, ce sont les molécules qui vont d'un pôle à l'autre qui ont le plus de chances d'être heurtées par les autres et de perdre une partie de leur vitesse.

On peut encore se rendre compte de cette tendance à l'augmentation d'aplatissement, en suivant la marche des molécules qui partent ensemble d'un plan quelconque CDC′D′ incliné sur l'équateur ACA′C′ (fig. 8).

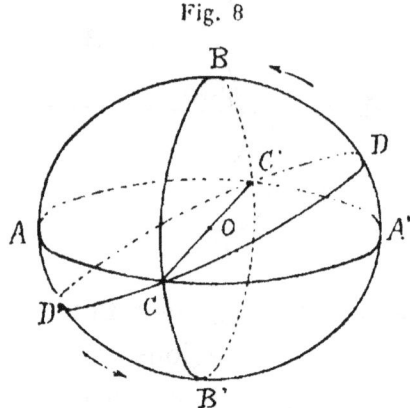

Fig. 8

Prenons, par exemple, celles qui se meuvent dans le sens direct et qui vont de chacune des deux demi-ellipses COC′D′ et COC′D vers le pôle de leur demi-ellipsoïde B ou B′. Les révolutions étant presque isochrones, ces molécules reviendront à peu près ensemble dans le plan CDCD′ après avoir traversé deux fois l'équateur ACA′C′, et deux fois le méridien BCB′C′ qui passe par la ligne des nœuds COC′. Or, la surface de l'ellipse méridienne BCB′C′ étant moindre que celle du cercle équatorial ACA′C′, c'est dans la traversée du méridien que les molécules ont le plus de chance de se heurter à celles qui viennent en sens inverse, soit qu'elles augmentent de vitesse, soit qu'elles se rapprochent les unes des autres en arrivant aux passages étroits. D'ailleurs, quand même les chocs ne seraient pas plus fréquents au méridien qu'à l'équateur, une molécule, arrêtée dans sa course auprès du pôle, tombera plus vite vers le centre qu'une molécule arrêtée à l'équateur où la pesanteur est moindre. C'est-à-dire que si le sphéroïde était composé d'éléments entièrement dépourvus de vitesse initiale, il s'aplatirait encore en diminuant de volume puisque les chutes de matière seraient plus rapides autour du rayon polaire que dans le plan de l'équateur.

Il résulte de cette discussion que la masse se condense beaucoup plus vite dans les régions polaires que dans la zone équatoriale. Les choses se passent à peu près comme si la nébuleuse était fluide et animée d'une rotation avec cette différence que, dans un fluide, il y a une limite à l'aplatissement produit par la condensation ; alors il se dépose des anneaux de vapeurs le long de l'équateur. Ici, il n'y a pas de limite à l'aplatissement des orbites et il ne se forme pas d'anneaux.

Le Soleil est entouré d'une nébulosité très diffuse, de forme lenticulaire, dont le grand axe coïncide à peu près avec l'écliptique. Cette nébulosité, appelée lumière zodiacale, ne peut être assimilée à une véritable atmosphère, à cause de sa figure aplatie et de ses grandes dimensions. Elle doit être constituée par des molécules indépendantes dont chacune se meut individuellement d'après les lois de la pesanteur. Vu la faible masse de cette nébulosité comparée à celle du Soleil, la pesanteur varie en raison inverse du carré de la distance, et les orbites moléculaires sont des ellipses plus ou moins aplaties dont le foyer est au centre du Soleil et le grand axe allongé dans le plan de l'écliptique.

Il semble difficile de voir dans la lumière zodiacale autre chose que le résidu des matériaux qui composaient le lambeau primitif, matériaux ayant échappé jusqu'ici à une chute complète vers le centre. Ce résidu de la concentration est la conséquence inévitable de la manière, pour ainsi dire, double, dont s'opère cette même concentration :

1° Par les chocs intérieurs qui font tomber la matière vers le centre.

2° Par l'augmentation de l'attraction centrale résultant de ces chocs, augmentation qui détermine un rétrécissement général des orbites.

Ces deux causes agissent d'une façon très inégale. Ainsi les chocs, très rares à l'origine dans toute la masse, deviennent ensuite de plus en plus fréquents autour du centre à mesure que la matière vient s'y rassembler. D'autre part, cet afflux de matière vers le centre suit une marche croissante à mesure que les chocs se multiplient, et le rétrécissement des orbites qui en est la conséquence suit la même progression. Jusque-là, les deux causes paraissent s'accorder pour donner à la concentration une marche accélérée et précipiter tous les matériaux vers le centre. Mais la seconde disparaît avant la fin, quand la presque totalité de la masse se trouve concentrée ; il ne reste que les chocs qui se font d'autant plus rares que la matière restante est plus raréfiée. Alors la concentration se ralentit et finit par s'arrêter en laissant un résidu.

§ II

Formation d'amas de matière entre les molécules voisines et animées de mouvements circulaires. — Région annulaire mobile à l'intérieur de laquelle les amas se forment en plus grand nombre que partout ailleurs. — Rassemblement de la plupart d'entre eux dans le plan de l'équateur ; dispersion des autres. — Le disque équatorial, plus dense que le reste de la nébuleuse, devient le réservoir de la matière planétaire.

Nous venons de voir que, par suite des variations de la pesanteur interne, toutes les orbites se déforment en s'aplatissant ; il n'y a d'exception que pour les circonférences qui se trouvent dans le plan de l'équateur. C'est à cette circonstance que le Soleil doit son magnifique cortège de planètes et de comètes. Grâce à la conservation des mouvements circulaires et à leur symétrie par rapport à l'équateur, une grande partie des matériaux ayant échappé à la concentration générale ont pu se rassembler en un petit nombre de grosses masses, les *planètes* ; alors que l'autre partie était dispersée en un grand nombre de petites masses, les *comètes*.

Supposons que des molécules voisines soient placées dans un milieu tel que leur mouvement initial, circulaire et uniforme, puisse se continuer indéfiniment : elles se réuniront forcément après un nombre plus ou moins grand de révolutions. Cette réunion, provoquée par leur attraction mutuelle jointe à d'inévitables différences dans leur vitesse de circulation, ne pourra être entravée que si le milieu est assez homogène pour que toutes les molécules soient également attirées en tous sens, et elle se fera d'autant mieux que la pesanteur interne est plus faible.

Au contraire, deux molécules, même primitivement voisines, qui se meuvent avec des vitesses variables sur des orbites excentriques et déformables, ne parviendront presque jamais à se réunir entre elles ailleurs qu'au centre, à cause des déviations généralement différentes que chacune d'elles subira sur son orbite.

En conséquence, pour trouver les points où la matière ira se rassembler en dehors du centre, il faut chercher quelles sont les régions du lambeau où peuvent subsister les mouvements circulaires et uniformes.

Au commencement, avant que la masse ne perde sa forme à peu près ronde, les mouvements circulaires sont possibles dans toutes les directions. Il se forme de petits amas de matière, un peu partout, à l'intérieur du sphéroïde. Bien que la masse soit considérée comme homogène dans son ensemble, la matière n'y est pas répartie d'une façon tellemement régulière qu'il n'y ait, ici ou là, des régions plus denses et d'autres presque vides. Il va sans dire que les amas se forment dans ces régions plus denses.

Plus tard, quand la concentration aura fait perdre au lambeau sa forme sphéroïdale, la zone des mouvements circulaires se restreindra de plus en plus, et finira par se réduire au seul plan de l'équateur. Les amas plus ou moins nombreux, mais en tous cas peu volumineux, primitivement formés dans des plans obliques à l'équateur, seront tous dispersés sur des orbites inégalement aplaties, transformées d'abord en courbes gauches(¹), puis en ellipses ayant leur foyer commun au centre du système. Ils ne pourront donc pas se réunir pour former des planètes. Seuls, les amas dont le plan de circulation s'éloigne peu de l'équateur, pourront se maintenir sur leur circonférence, ou mieux sur une courbe spiraloïde dont les spires, très rapprochées, se confondent presque avec une circonférence.

Toutefois, la manière différente dont la pesanteur varie le long des deux rayons, polaire ou équatorial, fait voir qu'il existe une région mobile où les mouvements circulaires peuvent subsister, en dehors du plan de l'équateur, malgré l'aplatissement croissant de la masse.

Soit ABA'B' (fig. 9) la section méridienne de la

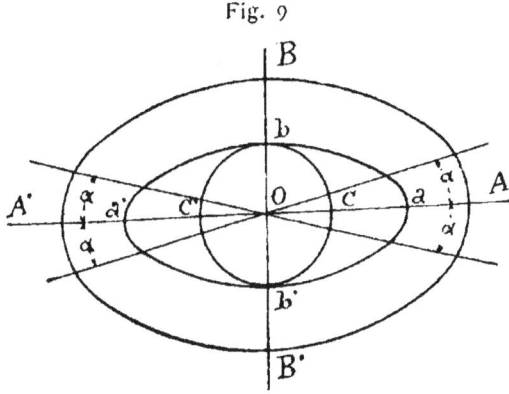

Fig. 9

figure prise par cette masse à un moment quelconque de la concentration. La pesanteur n'est plus proportionnelle à la distance : elle augmente d'abord et diminue

---

(1) La sphère parfaite est la seule figure à l'intérieur de laquelle la pesanteur soit toujours dirigée vers le centre. Aussi, dès que le sphéroïde s'aplatit sensiblement, les directions de la pesanteur interne cessent d'être convergentes.

ensuite de la surface au centre. En raison de la symétrie approchée des couches d'égale densité, son maximum se trouve sur une ligne $aba'b'$ à peu près semblable à la méridienne $ABA'B'$. L'une et l'autre ligne se rapprochent plus ou moins de la forme elliptique. Traçons une circonférence $cbc'b'$ tangente intérieurement à la courbe du maximum de pesanteur. La pesanteur est moindre en c sur le rayon équatorial qu'en b sur le rayon polaire à la même distance du centre. Quand la concentration aura amené à l'intérieur de la petite sphère ocb toute la masse nébulaire dont la figure sera encore plus aplatie, la pesanteur sera devenue plus grande sur la ligne équatoriale cc' qu'à la même distance ob ou ob' du côté du pôle. Ainsi, la pesanteur est allée successivement en croissant, puis en décroissant, depuis l'équateur de la petite sphère ocb jusqu'à ses deux pôles b et b'. Il y a donc eu un moment où elle est restée à peu près constante sur cette même sphère, au moins jusqu'à une certaine latitude α. Les mouvements circulaires étaient alors possibles dans toute l'étendue de la zone de rayon oc et d'amplitude 2α. La vraie limite imposée à cet angle α est de maintenir la pesanteur à peu près dans la direction du centre.

Il est facile de voir que cette zone est mobile et que son rayon diminue avec le temps, car la ligne du maximum de pesanteur s'avance vers le centre pendant toute la durée de la concentration. L'angle α diminue de même avec le temps à mesure qu'augmente l'aplatissement de la nébuleuse.

En résumé, la première phase de la concentration est celle-ci :

Formation de petits amas, un peu partout, à l'intérieur du sphéroïde dans les régions de plus grande densité ;

Aplatissement croissant de ce sphéroïde par suite des chocs intérieurs et de l'augmentation de densité vers le centre : premier dégagement de chaleur venant de ces chocs et faible illumination du lambeau chaotique qui devient alors une nébuleuse ;

Déformation des orbites autres que les orbites circulaires situées dans le plan de l'équateur ;

Dispersion des amas qui circulent dans des plans un peu obliques à l'équateur ;

Continuation des mouvements circulaires et des formations d'amas dans le voisinage de l'équateur et principalement sur une zone mobile dont l'amplitude et le rayon décroissent avec le temps. Cette conservation des mouvements circulaires est appelée à jouer un grand rôle dans la figure du système à venir.

Dans la deuxième phase, tous les amas qui ont pu conserver leur mouvement circulaire dans des plans peu inclinés sur l'équateur, vont se rassembler dans ce dernier plan.

Fig. 10

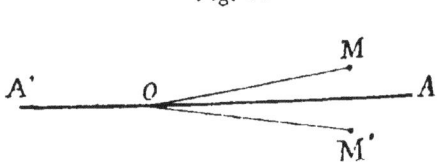

Soient M et M' deux amas de ce genre (fig. 10), situés à la même distance du centre O, de part et d'autre du plan de symétrie ou équateur AA', supposé perpendiculaire au plan de la figure. Ces deux amas, étant, pour ainsi dire, jumelés dans leur marche circulaire, s'attireront réciproquement et tendront à se rejoindre dans le plan médian AA'. Cette attraction deviendra plus forte, à mesure que les deux masses M et M' approcheront de la ligne des nœuds ; et si l'angle des deux plans de circulation MOM' n'est pas trop grand, ces deux masses finiront par se réunir en une seule qui circulera dans le plan de l'équateur.

Il est clair que, pour un même intervalle MM' (fig. 11),

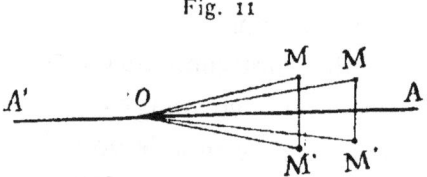

Fig. 11

il y a d'autant plus de chances de réunion que la distance OM est plus grande, puisque les orbites, étant moins inclinées, sont plus près d'être circulaires et se coupent sous un plus petit angle. D'autre part, cette chance de réunion est moindre pour les masses N et N', qui circulent dans le même plan que M et M' à de plus grandes distances du centre (fig. 12). L'inter-

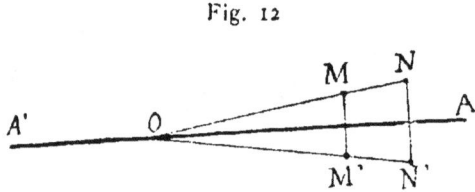

Fig. 12

valle NN' étant augmenté en raison directe de cette distance, l'attraction mutuelle des masses N et N' se trouve sensiblement réduite.

Il n'est pas possible de savoir dans quelle mesure la

distance au centre intervient pour favoriser ou entraver le rassemblement des molécules dans le plan de l'équateur. On peut croire qu'elle exerce une influence assez restreinte, bien moindre que l'inclinaison du plan de l'orbite. En raison de la symétrie approchée de la masse par rapport à l'équateur, la plupart des amas viennent se croiser sur la ligne des nœuds, où leur jonction s'opère par suite de ce passage simultané, indépendamment de toute autre cause.

En définitive, les amas de matière qui circulent de part et d'autre de l'équateur sur des orbites peu inclinées, tendent à se réunir. Pour une même inclinaison du plan de l'orbite, cette tendance diminue un peu à mesure que l'orbite se trouve plus éloignée du centre ; en sorte que l'équateur devient bientôt le plan de circulation de toutes les petites agglomérations qui se forment dans une surface de révolution dont la section méridienne est la suivante (fig. 13).

Fig. 13

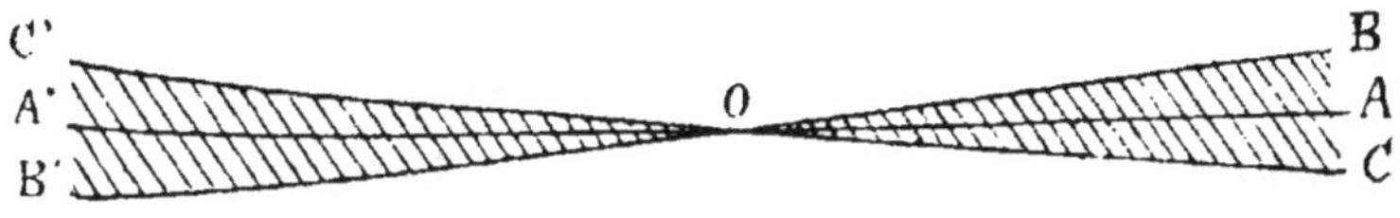

Les deux lignes symétriques BOB', COC', qui limitent cette section, ont une légère concavité tournée vers l'intérieur.

L'ensemble des matériaux amassés dans le plan de l'équateur présente alors la figure d'un immense anneau plat, ou plutôt celle d'un disque grenu et mince, beaucoup plus dense que le reste de la nébuleuse, véritable réservoir de matière planétaire.

§ III

Conflit des deux circulations et disparition de la circulation rétrograde dans le plan de l'équateur. — Convergence des matériaux vers le centre. — Preuves tirées du mouvement des comètes à courte période.

Il est bien certain que le rassemblement, dans un même plan, de tous ces éléments animés de mouvements divers et même opposés, engendrera un conflit entre les circulations de sens contraire. La plupart des matériaux du disque équatorial sont distribués en amas qui se meuvent sur des circonférences, mais il existe aussi de petites agglomérations et des molécules isolées dont les mouvements sont absolument quelconques. Il y aura des chocs violents, soit entre les amas d'une même circonférence, soit entre les amas et les masses plus petites dont les orbites allongées coupent ces circonférences. Un des premiers effets de ces chocs sera de provoquer une poussée générale de toute la matière du disque équatorial vers le centre. Le résultat final sera de faire disparaître du plan de l'équateur tous les mouvements autres que les mouvements circulaires et de même sens. L'équilibre ne peut évidemment subsister entre molécules animées, dans un même plan, de mouvements divers dont la somme des aires n'est pas nulle que s'il s'établit dans ce plan une rotation unique dirigée dans le sens de la circulation prépondérante. Ici, cette rotation affecte une forme spiraloïde, tant à cause des chocs intérieurs qui font converger la matière vers le centre, que par l'accroissement lent, mais continu, de la pesanteur interne.

Cette forme convergente des circulations de sens contraire fait ressembler le disque équatorial à une sorte de réseau dont les mailles, très écartées à l'origine, se resserrent peu à peu, entraînant avec elles les matériaux épars qui se meuvent à l'intérieur, jusqu'au moment où, l'une des circulations venant à disparaître, ce réseau se transforme en une sorte de tourbillon qui achève de balayer le plan de l'équateur.

La preuve que ce gigantesque balayage a eu lieu réellement se voit dans la comparaison des orbites des comètes. Ces astres si bizarres ne sont pas autre chose que des amas formés à l'origine par la réunion de molécules animées de mouvements presque circulaires, dans des plans obliques ; ils ont été ensuite dispersés dans toutes les directions. Mais, chose remarquable, sur 21 comètes à courte période dont l'inclinaison à l'écliptique est moindre de 17 degrés, pas une ne se meut dans le sens rétrograde. La plupart de ces comètes sont d'ailleurs de la famille de Jupiter (¹), c'est-à-dire que leurs orbites peu excentriques sont presque toutes comprises dans cette région si dépourvue de matière qui s'étend entre Jupiter et la Terre.

---

(1) Voir au paragraphe suivant l'influence de Jupiter sur la formation des planètes intérieures.

§ IV

Rupture du disque équatorial suivant des lignes annulaires de moindre densité ; influence de la mobilité de la zone de formation des amas. — Prompte réunion en une seule masse de la matière contenue à l'intérieur d'un même anneau par suite du conflit des deux circulations. — Formation successive des planètes en commençant à la fois par la plus grosse et la plus éloignée et en finissant par les planètes inférieures.

C'est encore au conflit des circulations de sens opposés, joint aux variations de la densité, qu'est due la rupture du disque équatorial et sa transformation en planètes séparées.

Ce disque se contracte par suite des chocs qui font converger les amas vers son centre. Il en est de même du reste de la nébuleuse, toutefois la concentration de celle-ci est plus lente, parce que la matière étant moins agglomérée, s'y meut plus librement. Dans ce mouvement qui pousse toute la masse vers l'intérieur, la densité varie suivant une loi qu'il est impossible de formuler exactement, mais il nous suffit de savoir qu'elle diminue indéfiniment jusqu'à devenir nulle dans les régions supérieures, et qu'elle augmente constamment vers le centre, où elle tend cependant vers une limite finie. La courbe qui pourrait représenter la variation intérieure de la densité en fonction du rayon, a donc la forme DMB indiquée sur la figure 14, et à mesure que la concentration avance, cette courbe se déforme ; le point R du rayon où la densité devient nulle se rapproche du centre, tandis que le point qui marque la hauteur jusqu'où s'élève la densité centrale,

Fig. 14

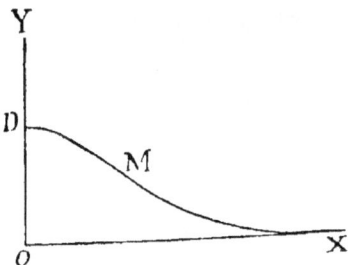

s'éloigne dans la direction OY. Les variations successives de la densité autour du centre pourraient être ainsi figurées par une série de surfaces en forme de cloches, dont la base irait en décroissant pendant que la hauteur augmenterait jusqu'à une certaine limite (fig. 15).

Fig. 15

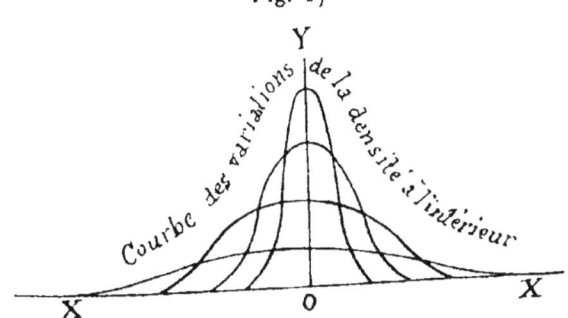

L'équation qui paraît répondre le mieux à l'ensemble des sections méridiennes de toutes ces surfaces est la suivante :

$$y = \frac{A}{Bx^2},$$

dans laquelle A et B sont des coefficients qui déterminent la forme particulière de chaque courbe et qui augmentent avec le degré de concentration.

Cette équation est très élastique et permet de représenter les variations de densité dans toute l'étendue de l'échelle depuis l'homogénéité parfaite pour $B = 1$ jusqu'à la concentration absolue avec A et B croissant jusqu'à ∞.

Toute autre formule donnant une densité susceptible de devenir très grande, sans être infinie, au centre, et de diminuer indéfiniment près de la surface, conviendrait aussi bien pour la démonstration qui va suivre. Nous avons choisi celle-ci parce qu'elle est simple et se prête facilement au calcul. On la met habituellement sous la forme

(1) $$y = Ae^{-mx^2},$$

dans laquelle e est le nombre 2,71828..... base des logarithmes naturels. Mais la théorie ne repose en aucune façon sur le choix de cette formule de préférence à une autre.

Nous allons voir comment les variations de densité, en déterminant une répartition inégale de la matière sur le disque équatorial, peuvent en amener la rupture annulaire.

Soit BOC (fig. 16), le profil de la zone à l'intérieur

Fig. 16

de laquelle se forment les amas qui vont ensuite se rassembler dans le plan de l'équateur AA', et soit

(1) $$y = Ae^{-mx^2}$$

l'équation qui donne la densité de la matière contenue

dans un anneau MNPQ de rayon x, de largeur très petite dx et de hauteur $2z$. Quand le profil BOC se sera, pour ainsi dire, aplati dans le plan de l'équateur et que la zone des amas se sera transformée en un disque plat, la densité de l'anneau étroit MNPQ ainsi réduit d'épaisseur sera devenue proportionnelle à zy, c'est-à-dire à

$$Aze^{-mx^2}.$$

Cette expression s'annule pour $x = 0$ et pour $x = \infty$, puisque z est une fonction de la forme

$$z = hx,$$

h étant un coëfficient variable qui diminue quand x croît de 0 à ∞.

Entre ces deux limites, il y a un maximum qui s'obtient en égalant à zéro la dérivée.

(2) $$Ae^{-mx^2}\left(\frac{dz}{dx} - 2mxz\right) = 0.$$

Le point du rayon où se trouve ce maximum ne peut être déterminé exactement que si on connaît le coëfficient h de la fonction $z = hx$. Jusqu'à une certaine distance, ce coefficient ne doit guère varier, car la facilité de formation et de jonction des amas provient plutôt de l'inclinaison de leur orbite que de leur distance au centre. En tous cas, la position du maximum cherché est un peu en deçà du point qu'on obtiendra en supposant que h est constant au lieu d'être décroissant. La distance limite du maximum de densité est alors donnée très simplement par la résolution de l'équation (2) qui devient

$$Ae^{-mx^2}(1 - 2mx^2) = 0$$

lorsque h est supposé constant.

D'où

$$x = \frac{1}{\sqrt{2m}}.$$

Ainsi, la courbe définie par l'équation

$$\rho = Aze^{-mx^2},$$

ou
$$\rho = Ahxe^{-mx^2},$$

qui donne la variation de la densité ρ à l'intérieur du disque équatorial, en fonction de la distance x, a la forme OBC (fig. 17.) Elle s'élève à partir du point O

Fig. 17

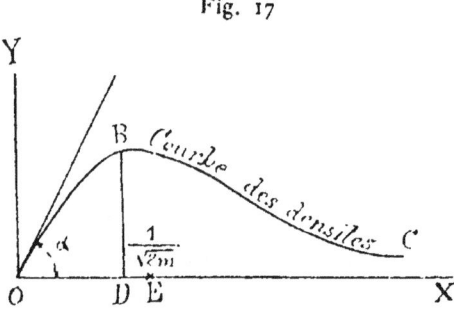

suivant un angle α dont la tangente est Ah, passe par un maximum BD un peu avant la distance $OE = \dfrac{1}{\sqrt{2m}}$ et diminue lorsque x augmente jusqu'à ∞.

Les amas qui circulent à la distance OD où se trouve le maximum de densité, forment une série de centres d'attraction vers lesquels convergent les amas situés sur les circonférences voisines. Il en résulte, pour le disque, une tendance à la rupture circulaire, de part et d'autre du maximum. La matière comprise entre les deux lignes de rupture se détachera du reste du disque sous forme d'anneau plus dense ; mais il faut bien se garder d'assimiler cet anneau à une figure régulière et continue tournant dans son plan, comme un cerceau solide. On doit le considérer comme formé de petites agglomérations de matière circulant à la rencontre les unes des autres et se gênant mutuellement dans leur marche. C'est précisément cette gêne qui détermine la prompte réunion en un seul globe de toute la matière contenue à l'intérieur d'un même anneau. En effet, les amas sont toujours distribués d'une façon un peu inégale dans les différentes parties de l'anneau ; les chocs sont plus fréquents dans les régions les plus denses et la circulation y est un peu ralentie. L'ensemble des matériaux de la région descend lentement vers le centre et produit une obstruction de la circulation dans toute une portion de l'anneau. L'obstruction étant d'autant plus grande que la matière est plus agglomérée, il arrive que les amas qui se trouvent au maximum de densité de l'anneau finissent par englober tous les autres [1].

Ainsi, le premier gros rassemblement de matière, à l'intérieur de la nébuleuse, prend naissance sur la cir-

---

[1] Il semble bien difficile d'expliquer autrement comment la formation des planètes a pu précéder de beaucoup celle de l'astre central. M. Wolf fait observer que, dans l'hypothèse d'une circulation de même sens, il aurait fallu 150 millions d'années pour la formation de Neptune.

conférence du maximum de densité. Ce globe planétaire, grâce à sa formation hâtive et à sa position rapprochée du centre, s'accroîtra encore en attirant à lui une partie des matériaux voisins ; il pourra donc acquérir une masse prépondérante parmi tous les autres globes du système. Il paraît inutile d'ajouter que la planète qui en sortira s'appellera Jupiter.

Le second rassemblement un peu important devra se former aux confins du même système. On se souvient qu'il existe, auprès de l'équateur, une région annulaire mobile à l'intérieur de laquelle les mouvements circulaires restent toujours possibles, malgré l'aplatissement croissant de la nébuleuse ; nous avons même insisté sur le rôle que cette particularité était destinée à jouer dans les changements de figure ultérieurs. La zone de formation des amas n'a pas le profil stable et régulier indiqué (fig. 13) ; elle présente une sorte de boursouflure annulaire MN (fig. 18) qui

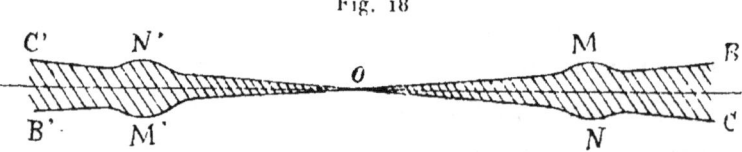

Fig. 18

s'avance vers le centre pendant toute la durée de la concentration, à la manière des ondes qui se propagent circulairement dans les fluides, avec cette différence que le mouvement de ces ondes est généralement divergent, tandis que celui de la boursouflure est convergent.

Il en résulte naturellement une augmentation successive de densité de l'extérieur au centre du disque équatorial. La courbe des densités OBC (fig. 17), dont la forme varie du commencement à la fin de la condensation, possède une bosse mobile qui marche en ondulant vers le centre. La fig. 19 peut donner une idée

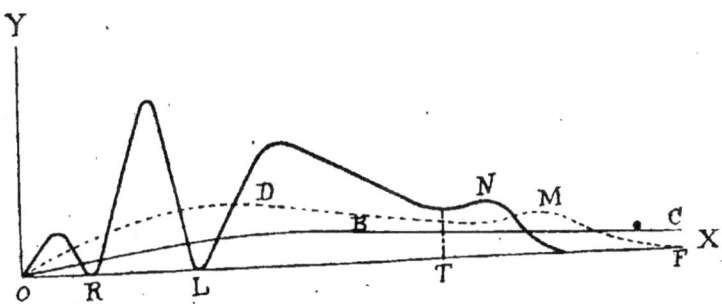

Fig. 19

approchée de ces déformations successives.

Dans les premiers temps, cette courbe OBC (marquée en trait fin sur la figure) s'élève peu au-dessus de l'axe OX et le maximum B est loin du centre ; la bosse n'apparaît pas encore. Plus tard, la même courbe devient ODF (en pointillé), le maximum D se rapproche du centre et la bosse commence à se dessiner en M formant comme un bourrelet circulaire sur le disque équatorial. Plus tard enfin, le maximum J est devenu suffisant pour amener une double rupture du disque aux points R et L, et le bourrelet, qui s'est avancé jusqu'en N, grandissant toujours, détermine une troisième rupture circulaire à hauteur du point T. Un second anneau se détachera vers N et se résoudra comme le premier en un seul globe qui deviendra plus tard le système de Neptune [1].

---

[1] On ne saurait affirmer positivement que Jupiter est plus ancien que Neptune. Les deux planètes peuvent être à peu près contemporaines, en prenant cette expression dans un sens très large. Ce qu'il y a de certain, c'est qu'elles ont été formées avant les autres.

Voilà donc le disque équatorial partagé en quatre anneaux par trois lignes de rupture nettement indiquées aux points R, L, T. Il aurait pu se séparer en trois anneaux seulement, si les points L et T s'étaient trouvés voisins. Il se partagera au contraire en cinq si ces deux points sont très éloignés. Cette nouvelle rupture se fera pour les deux raisons suivantes. D'abord, les globes planétaires formés aux deux maximums de densité J et N attireront à eux, chacun de leur côté, les amas qui circulent dans la région LT. Ensuite, quand le bourrelet, en avançant vers le centre, aura traversé la région vide de matière T et sera arrivé à hauteur d'un point U où la densité des amas est suffisamment grande, il provoquera la formation d'une nouvelle ligne de rupture en V (fig. 20.) Quant aux rares amas formés

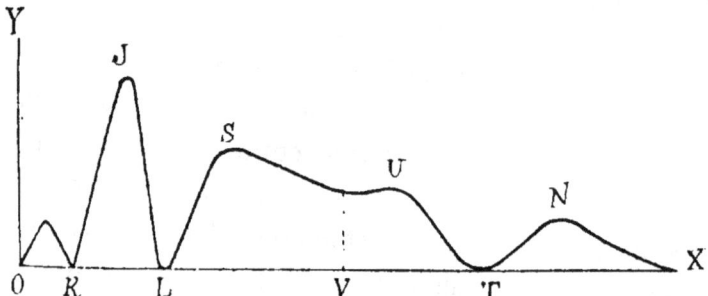

Fig. 20

au passage de la région T, les uns seront retenus par le globe N, les autres seront entraînés dans le mouvement du bourrelet jusqu'en U où un troisième globe planétaire prendra naissance. Ce sera le système d'Uranus.

Enfin, le bourrelet, arrivant en S, déterminera la formation d'un quatrième et dernier gros globe d'où sortira le système de Saturne ; puis il ira grossir le volume déjà considérable de Jupiter, en deçà duquel il ne se formera plus que des agglomérations sans importance. On voit, en effet, que la partie restante OR du disque équatorial, n'ayant qu'une surface restreinte, proportionnelle au carré du rayon qui devient nul au centre, ne peut avoir qu'une faible masse ; la densité centrale a beau augmenter, comme elle n'est jamais infinie, la partie intérieure du disque n'engendrera que des anneaux presque insignifiants.

A partir de Jupiter, le bourrelet mobile, en avançant vers le centre, trouvera le désordre et la confusion ; son passage, au lieu de rétablir l'ordre, ne fera qu'accroître la dispersion, au moins dans le voisinage immédiat de Jupiter. La grosse planète a déjà pu, grâce à la faiblesse de l'attraction centrale, absorber la matière dans une partie de la région OR et porter le trouble dans l'autre partie ; les amas d'une même circonférence ont été dispersés sur des courbes plus ou moins excentriques, allongées vers l'orbite de Jupiter ; ils ne pourront plus former de planètes semblables aux précédentes par leur grosseur et la régularité de leurs mouvements. Il est bien clair, en effet, que des amas, circulant sur la même orbite ou sur des orbites voisines, ne peuvent se réunir au bout d'un certain nombre de révolutions que s'ils n'éprouvent aucune perturbation dans leur marche, à l'exception de celle qui résulte de leur attraction mutuelle. Mais si chacun d'eux est incessamment troublé dans son mouvement circulaire par une force oblique et variable, capable de balancer dans une certaine mesure l'attraction centrale, toutes les orbites seront inégalement déformées ; celles qui ne sont pas exactement dans le plan de symétrie seront en outre déviées, la direction de la ligne des nœuds et l'inclinaison à l'équateur seront modifiées de telle sorte que la réunion ultérieure de ces embryons de planètes deviendra impossible. De plus, si, pour certains de ces amas, les vitesses de circulation sont telles que la durée de leur révolution soit une fraction simple de celle de la planète perturbatrice, les déformations seront encore plus accentuées, puisqu'elles se produiront toujours dans le même sens, aux mêmes points de l'orbite. Il y aura ainsi des vides annulaires sur le disque, aux distances du centre qui donneraient des rapports simples entre la durée de révolution des amas et celle de Jupiter. Ces vides seront naturellement des lignes de rupture tout indiquées. Ce qui reste du disque équatorial se trouvera donc encore partagé en anneaux qui donneront naissance à des planètes séparées. Il va sans dire, également, que ces perturbations iront en décroissant vers le centre. Auprès du Soleil à venir les orbites seront moins déformées, les amas d'un même anneau pourront encore se réunir lorsque le passage du bourrelet provoquera la formation de nouveaux amas qui viendront s'ajouter aux anciens. Mais plus on s'éloignera du centre pour entrer dans la sphère d'action de Jupiter, plus on trouvera la matière planétaire éparpillée. Les nouveaux amas ajoutés par le passage du bourrelet ne se réuniront ni entre eux ni aux premiers, ils n'iront même pas accroître la masse de la grosse planète, parce que l'attraction centrale sera devenue assez puissante pour les lui disputer. Le résultat le plus clair de cette espèce de tiraillement entre Jupiter et le Soleil naissant sera de faire disparaître la symétrie du système, par la formation d'une foule de corpuscules planétaires à orbites excentriques et surtout inclinées. Les amas formés au passage du bourrelet proviennent, pour la plupart, de molécules qui se meuvent dans des plans obliques à l'équateur ; pour peu que cette obliquité soit sensible, elle pourra être accrue dans d'énormes proportions par l'attraction de Jupiter, agissant dans une direction généralement très inclinée par rapport au plan de circulation de ces amas. Ceux-ci ne pourront donc faire que des planètes télescopiques ou même des comètes.

En résumé, le disque équatorial se rompra nécessairement et donnera naissance à un certain nombre de grosses planètes extérieures, dont la plus volumineuse et probablement la plus ancienne sera la plus rapprochée du centre ; pour les autres, plus éloignées, la formation sera successive de l'extérieur à l'intérieur. Entre ces grosses planètes et le Soleil, il s'en formera également d'autres, plus petites, et même dans le voisinage rapproché de la planète principale, il n'y aura que des corpuscules planétaires se mouvant obliquement sur des orbites excentriques. Pour ces petites planètes, la formation devra, comme pour les autres, débuter par l'extérieur ; toutefois, il pourra arriver que celle de Mars soit retardée par l'influence de Jupiter.

D'après cela, les planètes seraient rangées au point de vue de leur âge dans l'ordre suivant :

> Jupiter ou Neptune,
> Uranus,
> Saturne,
> La Terre,
> Mars ?
> Vénus,
> Mercure.

Cet ordre paraîtra sans doute étrange ; on pouvait s'attendre à trouver Uranus et surtout Neptune, dont la rotation est franchement rétrograde, parmi les plus jeunes. Il y a même une anomalie apparente dans ce classement qui débute précisément par les deux planètes dont les axes de rotation ont des directions presque opposées. Toutes ces difficultés seront levées plus tard, à mesure que se dérouleront les différentes phases de la formation. Nous avons dit, à la fin du chapitre précédent, que les éléments du système solaire dérivaient mécaniquement de la figure initiale d'un lambeau chaotique convenablement choisi ; nous allons faire voir qu'il en est ainsi, en commençant par la masse des planètes.

CHAPITRE IV

MASSE DES PLANÈTES

La masse des planètes doit croître à partir du centre, passer par un maximum et diminuer ensuite. — Minimum accidentel à hauteur des petites planètes. – Causes de l'augmentation de la masse de Neptune.

La courbe OBC de la figure 19, qui montre comment varie la densité du disque équatorial en fonction de la distance au centre, peut donner une première idée de ce que sera la masse de chaque planète par rapport à cette même distance. Cette courbe, dont l'équation est

$$\rho = Ahxe^{-mx^2},$$

se rapporte à des densités moyennes, prises en supposant le disque partagé fictivement en anneaux minces dans chacun desquels les amas seraient uniformément répartis. Pour avoir la masse des globes planétaires issus de ces anneaux fictifs, il faut prendre la quantité de matière contenue dans chaque anneau. Cette quantité est proportionelle au produit de la densité moyenne ρ par la longueur

$$2\pi x$$

de chaque anneau infiniment mince, c'est-à-dire à

$$2\pi A h x^2 e^{-mx^2}.$$

On pourra donc représenter la variation de la masse de chaque anneau, en fonction de son rayon, par une courbe ayant pour équation :

$$y = 2\pi A h x^2 e^{-mx^2},$$

dans laquelle h est un coefficient qui diminue lorsque x varie de o à ∞.

Cette courbe est tracée approximativement en ODE (fig. 21), à côté de la courbe des densités OBC,

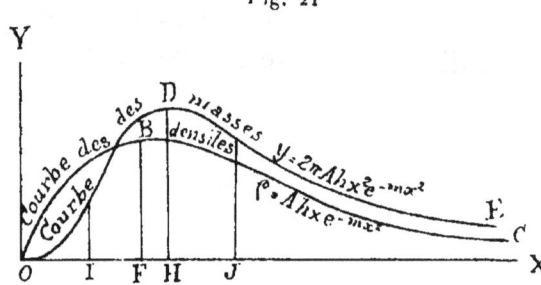

Fig. 21

en supposant le coefficient h constant.

Elle est tangente, à l'origine, à l'axe des x, puisque

$$\frac{y}{x} = 2\pi A h x e^{-mx^2};$$

expression qui s'annule pour $x = o$.

Elle passe par un maximum DH dont l'abscisse OH est donnée par la résolution de l'équation dérivée

$$\frac{dy}{dx} = 4\pi A h x e^{-mx^2}(1 - mx^2) = 0;$$

d'où
$$OH = \frac{1}{\sqrt{m}}.$$

Elle a, comme on peut s'en assurer, deux points d'inflexion aux distances

$$OI = \frac{1}{2\sqrt{m}},$$

et
$$OJ = \frac{3}{2\sqrt{m}}.$$

Elle devient ensuite asymptote à l'axe des x, en restant néanmoins au-dessus de la courbe des densités, le rapport des deux ordonnées variant proportionnellement à la distance x.

D'après cela, il ne peut exister auprès du Soleil que des planètes infiniment petites. Leur masse s'accroît ensuite rapidement, passe par un maximum et décroît lentement jusqu'aux confins du système. Mais le calcul suppose implicitement que chaque planète a pu englober toute la matière contenue dans l'étendue d'une zone limitée de part et d'autre vers la moitié de l'intervalle qui sépare son orbite de celle de ses deux voisines, intérieure et extérieure. Il y a des inégalités dues à la succession irrégulière des formations. Ainsi, le premier anneau qui se détache à l'intérieur du disque, autour de la circonférence du maximum de densité, se convertit rapidement en un globe dont la puissante attraction fait le vide à une assez grande distance autour de lui ; ce qui occasionne déjà une déformation de la courbe des masses et une augmentation sensible du maximum calculé (fig. 22).

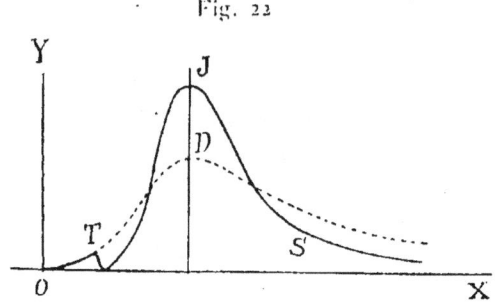

Fig. 22

La ligne pointillée indique la courbe théorique, et la ligne pleine, la courbe déformée par l'action de Jupiter. Cette planète a absorbé, d'un côté, une partie des matériaux compris dans la région de Saturne ; de l'autre, la presque totalité de la matière située dans la zone des petites planètes, une bonne partie de celle qui reviendrait à Mars, et même un peu de ce qui devrait nous appartenir.

Le calcul repose aussi sur une hypothèse qui ne s'est pas réalisée : la formation simultanée de toutes les planètes. En réalité, cette formation a été successive, et, du commencement à la fin, la densité a varié en chaque point du disque équatorial. Neptune, dont la naissance remonte aux premiers temps de la concentration, avait déjà ses matériaux à peu près rassemblés lorsque la région où ils circulaient a commencé à se vider au profit des couches centrales. Sa masse se trouve ainsi plus grande qu'elle l'aurait été dans le cas d'une formation simultanée de toutes les planètes. Comme pour Jupiter, l'ancienneté du globe a favorisé son accroissement.

C'est pourquoi la courbe des masses, au lieu d'avoir la régularité mathématique de l'équation

$$y = 2\pi A h x^2 e^{-mx^2},$$

s'est transformée en une ligne bizarre, présentant une pointe vers Jupiter, une bosse à hauteur de Neptune

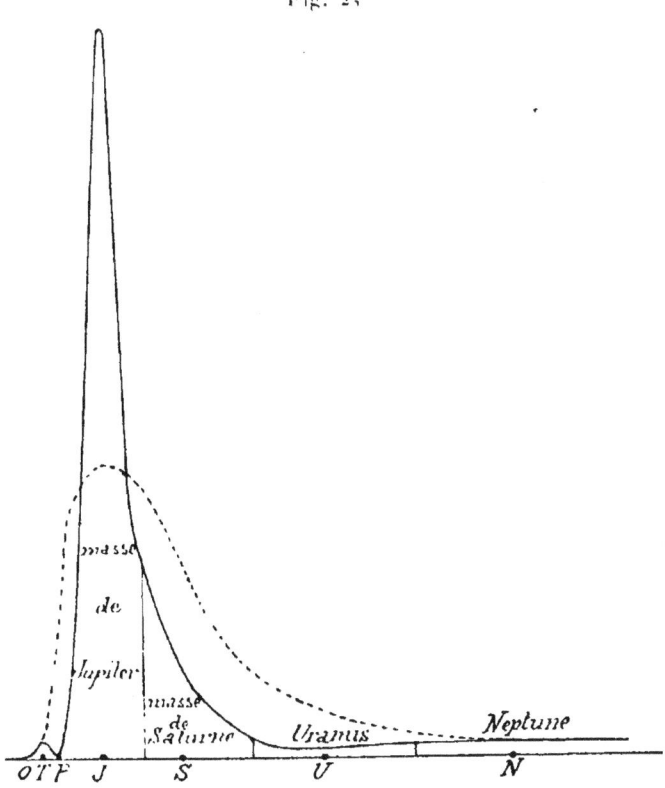

Fig. 23

et deux affaissements, l'un, peu marqué, vers Saturne-Uranus, l'autre, presque complet, dans la région des petites planètes (fig. 23).

Enfin les troubles apportés par Jupiter dans la région OP ont déterminé la formation d'un troisième maximum à hauteur du point T où se trouve la Terre. Les mêmes causes qui ont provoqué la formation hâtive de Jupiter se sont produites en plus petit pour la Terre, qui doit être la plus ancienne des quatre planètes inférieures.

CHAPITRE V

AGE DES PLANÈTES ET DISTANCE AU SOLEIL

Relations entre l'âge des planètes et leur distance au Soleil. — Mise en évidence des perturbations apportées par les différences d'âge des planètes dans la succession régulière de leur distance au Soleil. — Preuve de l'existence d'une loi pour ces distances.

Tout est si intimement lié dans la formation du système solaire qu'il est difficile de s'étendre sur un détail sans empiéter sur les autres. Il est impossible, en particulier, de parler de l'âge des planètes sans faire intervenir la loi qui paraît régir leur distance au Soleil. Pour beaucoup d'astronomes, d'ailleurs, l'âge est une fonction régulière et continue de cette distance. Les planètes se seraient formées, suivant les uns, dans l'ordre décroissant de leur distance au Soleil ; c'est la théorie de Laplace. M. Faye dit, au contraire, que la formation a débuté vers le centre et s'est terminée par Neptune. Nous avons indiqué un ordre plus complexe qu'il s'agit de justifier.

Il faut s'entendre avant tout sur ce qu'on appelle l'âge d'une planète. Nous savons que les globes planétaires sont formés par des agglomérations successives d'amas qui grossissent aux dépens les uns des autres.

L'âge devra se compter naturellement à partir de la réunion du dernier amas à celui qui les a tous successivement englobés. La masse, encore engagée dans la nébuleuse, continuera sans doute à s'accroître aux dépens du milieu ambiant. Mais cet accroissement ne modifiera guère la figure générale du système à venir. La réunion de tous les amas en un seul marque, au contraire, une étape bien tranchée dans la succession des phases que parcourt un globe planétaire. Selon qu'elle est hâtive ou tardive, la planète a une masse plus ou moins grande ; le rayon de son orbite peut même être modifié. C'est au cours de cette réunion que le sens de la rotation et l'inclinaison des axes commencent à se dessiner, et que se forment à l'intérieur du globe les rassemblements de matière qui doivent engendrer les satellites. C'est la véritable origine des transformations dont l'enchaînement successif et continu constitue la vie astrale de la planète.

L'âge étant ainsi défini, si la formation des planètes a suivi l'ordre chronologique indiqué plus haut, leurs distances au Soleil doivent conserver la trace des perturbations apportées par cette succession irrégulière.

En effet, quand la matière d'un anneau est rassemblée d'un seul côté dans un étroit espace ABCD (fig. 24), elle devient un foyer de trouble pour les amas de l'anneau voisin qui défilent avec une extrême lenteur devant ce nouveau centre d'attraction. Ces amas obliqueront donc du côté du globe déjà formé, et, lorsqu'ils seront à leur tour réunis en un seul globe, celui-ci se trouvera rapproché du premier.

La trace de ces perturbations disparaît dans une

formation qui se poursuit régulièrement d'une extrémité à l'autre du rayon. Les globes planétaires sont tous reportés successivement du côté du plus ancien, et la loi qui régit leurs distances mutuelles, ou pour mieux dire, les intervalles de leurs orbites, peut ne pas être sensiblement altérée. Il n'en est pas de même dans notre hypothèse où Jupiter et Neptune ont attiré en même temps chacun de leur côté, l'un les amas de Saturne, l'autre ceux d'Uranus. Il doit en résulter une augmentation considérable de l'inter-

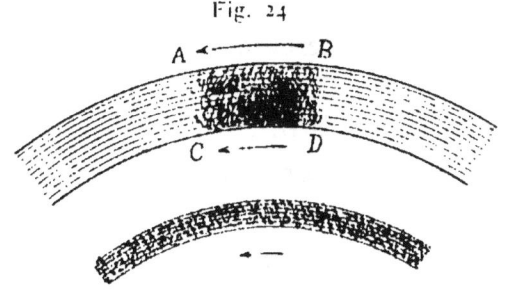

Fig. 24

valle Saturne-Uranus et une diminution correspondante pour les deux intervalles voisins. De même, lorsque le globe terrestre s'est trouvé formé le premier des quatre petits globes planétaires, il a pu attirer à lui les amas de Vénus en formation, et produire une augmentation sensible du rayon de leur orbite. Quant à Mars, la matière de son anneau a été, pour ainsi dire, séparée en deux suivant une ligne circulaire concentrique à l'anneau [1]. Celle qui se trouvait à l'extérieur est allée grossir le volume de Jupiter ou se disperser en planètes té-

---

[1] Cette rupture a pu être produite par les actions opposées de Jupiter et de la Terre, tous les deux plus anciens que Mars.

lescopiques et en comètes dans la région intermédiaire. Il n'est resté pour former la planète que la matière amassée dans la partie intérieure de l'anneau du côté de la Terre. Le globe de Mars a dû ainsi se rapprocher de nous.

Ces perturbations sont mises en évidence de la manière suivante :

En adoptant pour unité la distance de Mercure au Soleil, les logarithmes des distances des planètes sont (¹) :

Log. dist.	Mercure.	= 0
—	Vénus.	= 0,271
—	Terre	= 0,412
—	Mars	= 0,595
—	Petites planètes. .	= ?
—	Jupiter.	= 1,128
—	Saturne	= 1,391
—	Uranus	= 1,695
—	Neptune	= 1,889

(1) Il est très difficile de représenter le système planétaire à une échelle unique. Celle qui conviendrait pour les distances des planètes inférieures devient trop grande lorsqu'on passe aux planètes supérieures et inversement ; en sorte que les inégalités qui peuvent affecter la loi des distances ne sont jamais bien mises en évidence dans toute l'étendue du système. La substitution des logarithmes aux distances réelles a pour effet de rapporter le système à une échelle variable, décroissante avec la distance ; et les inégalités qui passeraient inaperçues pour les planètes inférieures sont mises en relief au détriment de celles, beaucoup plus grandes, qui affectent les planètes supérieures. Nous emploierons ensuite un procédé graphique direct, dégagé de toute idée conventionnelle, pour faire ressortir, à leur tour, les inégalités inhérentes au mode de formation des planètes supérieures.

La courbe tracée en prenant pour abscisses les numéros d'ordre des planètes et pour ordonnées les logarithmes de leur distance au Soleil, a la forme brisée

Fig. 25

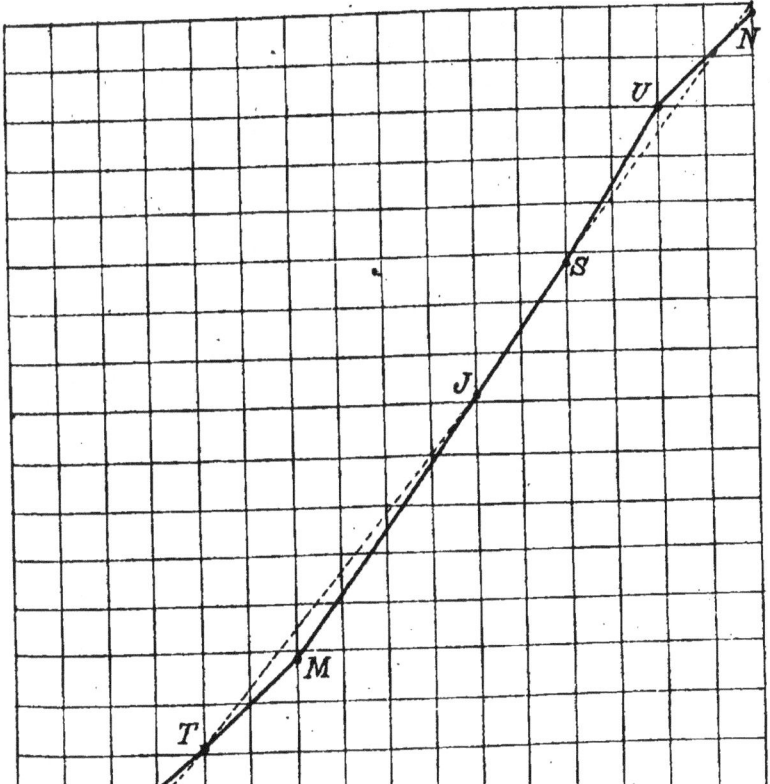

IVTMJSUN (fig. 25). Ce serait une ligne presque droite, très légèrement concave, si Vénus et Uranus étaient un peu plus rapprochés du Soleil, et Mars, au contraire, plus éloigné ; c'est-à-dire si les perturbations précédentes, qui ont raccourci surtout les trois intervalles la Terre-Vénus, la Terre-Mars, Neptune-Uranus, n'avaient pas eu lieu.

Un autre procédé graphique mettra encore mieux en relief l'agrandissement de l'intervalle Saturne-Uranus produit par les attractions simultanées de Jupiter et de Neptune.

Traçons une courbe VTMPJSUN (fig. 26), dont les

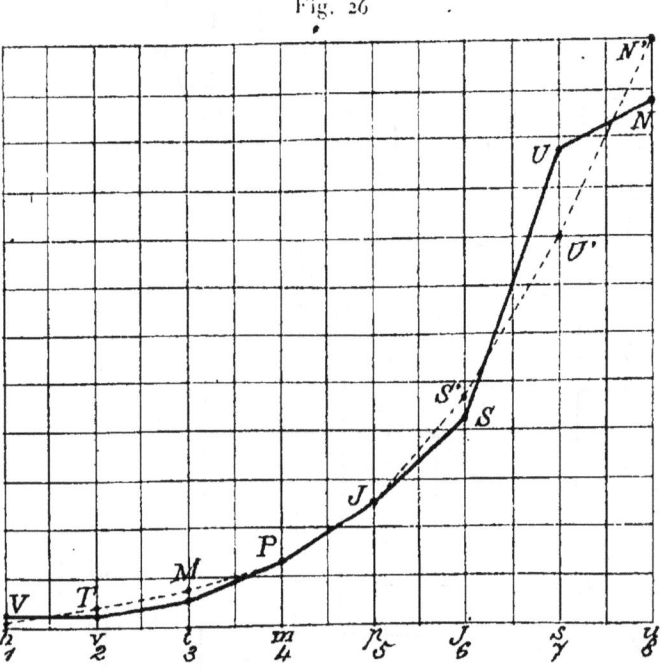

abscisses sont encore les numéros d'ordre des planètes à partir du Soleil et dont les ordonnées sont les différences des rayons des orbites: ainsi hV est la différence des rayons des orbites de Vénus et de Mercure, vT, la même différence entre la Terre et Vénus, etc.

Replaçons, par la pensée, les planètes aux distances où elles devraient être si les perturbations que nous venons d'énumérer n'avaient pas eu lieu, c'est-à-dire : éloignons un peu Vénus et Mars de la Terre, rapprochons l'un de l'autre Saturne et Uranus, — ce qui les éloignera respectivement de Jupiter et de Neptune, — nous aurons une courbe régulière, de forme parabolique, marquée en pointillé sur la figure 26.

La théorie ne permet pas de dire à laquelle des deux courbes (fig. 25 ou fig. 26) il faudrait donner la préférence pour représenter les distances des planètes au Soleil, abstraction faite des perturbations; mais il paraît certain, d'après le mode de génération des planètes, que ces distances sont soumises à une loi quelconque, et que les intervalles entre les orbites doivent augmenter rapidement avec la distance. Ces intervalles sont déterminés par le passage du bourrelet équatorial qui provoque le rassemblement des amas dans toute l'étendue de la région qu'il occupe. Or, l'étendue de cette région diminue avec le temps. Au commencement, lorsque la nébuleuse est encore peu aplatie, le bourrelet, qui est en outre très éloigné du centre, peut occuper une vaste surface (fig. 27). Les amas qui concourent

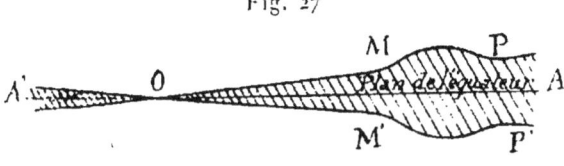

Fig. 27

à la formation d'un globe planétaire très excentrique sont d'abord dispersés à l'intérieur du volume engendré par le renflement MPM′P′ d'amplitude considérable. Mais à mesure que la nébuleuse s'aplatit, la région des mouvements circulaires se restreint de plus en plus ; le renflement diminue d'amplitude et les amas ne se réunissent que sur la petite distance mp comprise entre les deux limites mm' et pp' (fig. 28).

Fig. 28

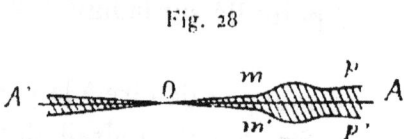

Ainsi s'explique la décroissance rapide des zones de formation des planètes au voisinage du Soleil.

CHAPITRE VI

DENSITÉ DES PLANÈTES

Circonstances qui font varier la densité : âge, masse, distance au Soleil — Grande densité des planètes inférieures due à leur position centrale et à leur condensation avancée. — Faible densité des grosses planètes ; influence prépondérante de l'âge sur la densité relative des planètes supérieures.

Les circonstances qui font varier la densité des planètes se ramènent à deux : la nature des éléments qui entrent dans leur composition et leur degré de condensation.

On peut croire que, à l'origine, tous les éléments du système solaire étaient plus ou moins mêlés et confondus ; mais la lutte engagée dans le disque équatorial a dû faire converger les matériaux les plus lourds autour du centre dans la région des planètes inférieures ; les plus légers sont restés pour former les planètes éloignées. La différence de densité que l'on observe entre les unes et les autres provient en partie de cette diversité de constitution.

Le degré de condensation de chaque planète dépend lui-même de plusieurs causes qui sont :

1° Son âge : — Toutes choses égales d'ailleurs, la densité augmente avec l'âge.

2° **Sa masse :** — Elle agit dans un sens pour accroître la compression et, par suite, la densité intérieure, et dans un autre sens pour retarder le refroidissement.

3 **Sa distance au Soleil :** — Nous verrons plus tard que la chaleur d'origine est plus grande pour les planètes inférieures que pour les autres. Cette dernière cause, en retardant la condensation des planètes les plus voisines du Soleil, atténue un peu la différence de densité provenant de leur diversité de constitution.

Il est assez difficile de connaître la part qui revient à chacune de ces influences. Néanmoins, si on range les planètes, y compris la Lune, notre satellite, dans l'ordre décroissant des densités, on obtient le tableau suivant qui fait ressortir la grande densité des planètes inférieures, la Terre, Vénus... comparée à celle des grosses planètes plus éloignées, Neptune, Jupiter...

DÉSIGNATION des PLANÈTES	LA TERRE	VÉNUS	MARS	MERCURE[1]	LA LUNE	NEPTUNE	JUPITER	URANUS	SATURNE
Densité { Terre : 1	1,	0,807	0,711	0,652	0,615	0,300	0,242	0,195	0,128
Eau : 1	5,50	4,44	3,91	3,58	3,38	1,65	1,33	1,07	0,70

L'écart observé entre la densité des unes et celle des autres tient à la fois à une composition chimique et à un état physique différents. Les planètes rapprochées

---

(1) La densité de Mercure est très incertaine. Nous avons adopté le chiffre proposé par M. Backlund, d'après l'action exercée par Mercure sur le mouvement de la comète d'Encke.

du Soleil sont formées des matériaux les plus lourds du système. Leur petitesse a, en outre, hâté leur condensation, et l'élément gazeux n'entre plus que pour une très faible part dans leur constitution actuelle. Il en est tout autrement pour les grosses planètes, surtout pour Jupiter et Saturne dont les gaz forment certainement la plus grande partie de la masse.

Maintenant, si, dans le tableau précédent, on envisage séparément les petites et les grosses planètes, on voit que pour les premières la densité croît régulièrement avec la masse, tandis que pour les autres elle paraît augmenter avec l'âge, et indépendamment de la masse. Mais il est à noter que les petites planètes se trouvent rangées aussi à peu près dans l'ordre d'ancienneté, à commencer par la Terre, la plus âgée, pour finir par Mercure, la plus jeune. Toutefois, l'ancienneté n'est pour elles qu'un facteur secondaire, puisque la Lune, à peu près contemporaine de la Terre, est moins dense que Mercure. L'inégalité de masse est ici la cause prépondérante des différences de densité. Cela se comprend aisément : entre ces quatre planètes, resserrées dans un espace étroit, formées en outre à une époque tardive où la condensation suivait déjà une marche rapide, il ne saurait y avoir une grande différence d'âge. Seule la Terre, si l'on en juge par son état physique, paraît sensiblement plus ancienne que ses deux voisines. Du côté du centre, Vénus, presque égale en volume et formée de matériaux qui devraient être au moins aussi lourds, est cependant plus retardée dans sa condensation. De l'autre côté, Mars, qui, pour le volume, tient le milieu entre la Terre et la Lune, se rapproche beaucoup plus de la Terre par sa constitution physique (¹). Les deux planètes traversent actuellement la même phase de leur vie astrale. Or, Mars, en raison de sa petite masse, ne peut avoir qu'une évolution de courte durée. Sa formation est donc postérieure à celle de la Terre (²).

Pour les grosses planètes, si on excepte Jupiter que ses dimensions gigantesques mettent en dehors de toute comparaison, la densité croît régulièrement avec l'âge. Elle n'est influencée ni par la distance au centre, qui la ferait croître dans l'ordre inverse, c'est-à-dire de Neptune à Saturne, ni par la masse, puisque Uranus, la plus petite des trois, tient le milieu entre les deux autres. Or, la formation des planètes extérieures remonte à une époque très reculée où la condensation de la nébuleuse se faisait encore avec une extrême lenteur. Le bourrelet équatorial a mis un temps énorme pour franchir le double intervalle qui sépare Neptune d'Uranus et Uranus de Saturne. La différence d'âge de ces trois planètes est tellement grande qu'elle a effacé toutes les autres influences.

Jupiter et Saturne paraissent arrivées à la même

---

(1) Mars se rapproche au contraire de la Lune pour la densité. Ses matériaux provenant d'une région plus éloignée du centre sont moins lourds que ceux de la Lune, ils sont moins avancés dans leur condensation. En revanche, ils sont agglomérés par une pression plus grande.

(2) La formation hâtive de notre globe est due, comme on sait, à sa position sur un maximum de densité du disque équatorial. Cette circonstance a favorisé le rapprochement des amas de la région terrestre ; leur réunion définitive, provoquée par le passage du bourrelet, a été plus hâtive que dans la région martienne où la matière était encore éparpillée, bien que le signal du rassemblement, si j'ose m'exprimer ainsi, leur ait été donné plus tard.

phase de leur évolution. Le calcul montre, en effet, que les variations de densité à l'intérieur y suivent les mêmes lois. On peut répéter ici ce qui a été dit pour le couple Mars-La Terre. Jupiter, beaucoup plus gros que Saturne et doté d'une ample provision de chaleur d'origine, a parcouru plus lentement les étapes successives de sa vie astrale. Il est donc bien antérieur à Saturne. On peut le croire contemporain de Neptune, et si sa densité est moindre c'est qu'il est mieux conservé. Il a pu, grâce à l'énorme quantité de chaleur accumulée dans sa masse, rester en partie gazeux, c'est-à-dire léger, tandis que Neptune, formé de matériaux cependant moins lourds, s'est condensé plus vite.

En résumé, la comparaison des densités des planètes ne fait que confirmer la chronologie donnée par la théorie. L'étude du mouvement de ces mêmes planètes autour de leur centre de gravité va encore nous fournir d'autres preuves à l'appui de notre hypothèse.

CHAPITRE VII

INCLINAISON DES AXES, SENS ET DURÉE DE LA ROTATION

Variations de la pesanteur à l'intérieur de la nébuleuse. — Vitesse linéaire du mouvement circulaire ; son maximum mobile.— Région des rotations directes ; région rétrograde. — Variations de l'influence de rotation, directe ou rétrograde. — Formation des globes planétaires pendant la période directe. — Rotation rapide de Jupiter. — Rotation lente de Neptune ; renversement de son axe pendant la période rétrograde. — Tendance générale au renversement pour toutes les planètes. — Influence des perturbations centrales sur la rotation des planètes inférieures.

Les planètes étant formées par la réunion de molécules qui circulaient à l'origine dans des plans diversement inclinés et dans deux sens opposés, on ne s'étonnera pas que les inclinaisons de leurs axes soient si différentes et semblent varier depuis zéro jusqu'à 180° par rapport à la perpendiculaire au plan de l'orbite. Il s'agit seulement de montrer comment ces inclinaisons, ainsi que les durées de rotation, dépendent, pour chaque planète, de son âge et de sa distance au Soleil.

Le sens de la rotation est déterminé par la manière dont varie la pesanteur au cours de la réunion des amas; ce sont ces variations de pesanteur qu'il importe de bien connaître avant tout.

A l'origine, la pesanteur est, le long de chaque rayon, proportionnelle à la distance au centre r,

$$g = Ar.$$

A la fin, elle suit la loi de Newton,

$$g = \frac{B}{r^2}.$$

Mais, dans l'intervalle, elle n'est pas représentée, comme l'admet M. Faye, par la fonction simple

$$g = ar + \frac{b}{r^2},$$

a et b étant deux coefficients qui varient pendant toute la durée de la condensation, le premier de A à zéro, le second de zéro à B.

Cette équation est celle d'une courbe en forme d'hyperbole dont la branche positive a sa convexité tournée vers l'axe des rayons (fig. 29). Or, dans un milieu

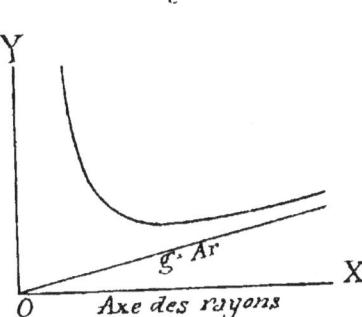

Fig. 29

sphéroïdal, à l'intérieur duquel la densité centrale est sensiblement plus forte que celle des couches superficielles, la pesanteur augmente depuis la surface jusqu'à une certaine profondeur au delà de laquelle elle décroît jusqu'au centre où elle est nulle. Il n'y a donc aucune ressemblance entre l'allure de la fonction $g = ar + \dfrac{b}{r^2}$ et celle de la quantité qu'elle est censée représenter.

En général, si la densité varie avec le rayon comme la fonction F(r), la pesanteur à la distance r est donnée par l'équation

$$g = \frac{4\pi}{r^2} \int_0^r F(r) r^2 dr ; \text{ (}^1\text{)}$$

et la vitesse que devrait avoir une molécule pour décrire une orbite circulaire a pour carré

$$v^2 = gr = \frac{4\pi}{r} \int_0^r F(r) r^2 dr.$$

Dans le cas qui nous occupe, où F(r) décroît d'autant plus rapidement avec r que la condensation est plus prononcée, la variation de pesanteur, d'abord figurée par une droite OB ($g = Ar$), est représentée successivement par des courbes telles que OEB, OFB, OHB (fig. 30) ; — OA est le rayon primitif du lambeau chaotique à l'extrémité duquel la pesanteur ne subit que des variations relativement faibles, conséquence de l'aplatissement initial (ch. III, § 1er). — Ces courbes

---

(1) Cette formule, parfaitement rigoureuse dans un milieu sphérique, n'est qu'approchée dans l'intérieur d'un ellipsoïde aplati.

se confondent à la limite avec la ligne hyperbolique BC ($g = \frac{B}{r^2}$).

Fig. 30

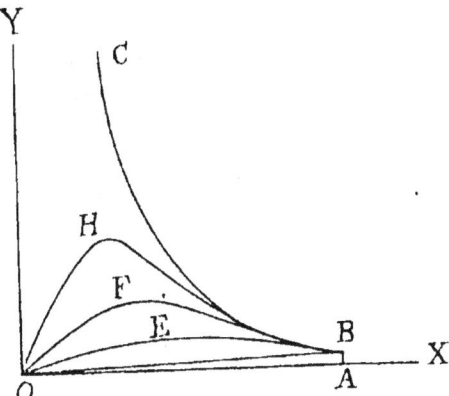

La vitesse linéaire du mouvement circulaire, $v=\sqrt{gr}$, a ses variations figurées par des courbes analogues OE'C', OF'C', OH'C', (fig. 31). Au début, on a aussi

Fig. 31

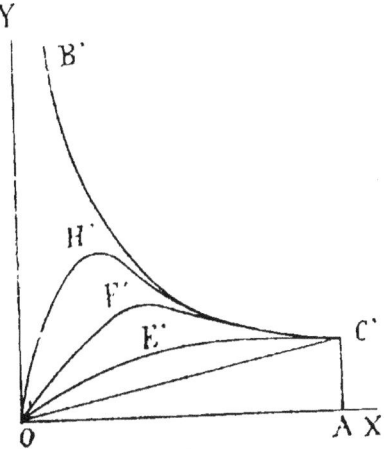

une ligne droite, $v = r\sqrt{A}$; à la fin, $v = \frac{\sqrt{B}}{r}$, on obtient une courbe B'C' symétrique de la courbe BC par rapport à la bissectrice de l'angle YOX. Dans l'intervalle, la vitesse augmente de plus en plus à partir du centre (lignes OE'C' OF'C'...), et lorsque la condensation est suffisamment prononcée, elle passe par un maximum pour revenir toujours à peu près à la même valeur à l'extrémité A du rayon primitif. Ce maximum s'élève en avançant vers le centre pendant toute la durée de la concentration (lignes OF'C', OH'C'...). Il sépare la région des rotations directes de la région des rotations rétrogrades; c'est-à-dire qu'un amas formé par une réunion de matériaux circulant entre ce maximum et le centre prendra un mouvement tourbillonnaire de même sens que celui de sa circulation ; le contraire aura lieu pour un amas situé au delà du maximum (fig. 32). La

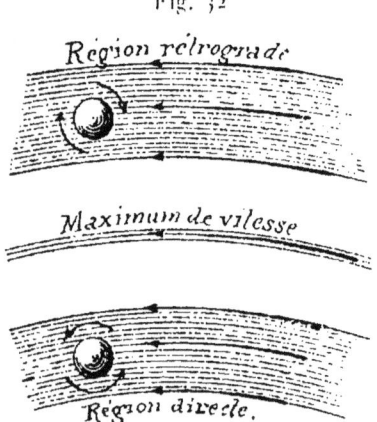

Fig. 32

région directe occupe d'abord toute l'étendue de la nébuleuse, puis elle disparaît progressivement pour céder la place à la région rétrograde.

L'influence, directe ou rétrograde, sur la rotation d'un amas qui se forme en un point quelconque du rayon, peut être mesurée par l'inclinaison de la tangente à la courbe des vitesses au point considéré. Pour un point R supposé fixe sur le rayon, elle varie du commencement à la fin, et il faut distinguer deux cas :

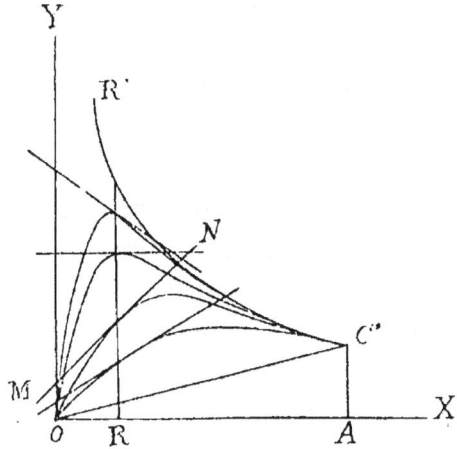

Fig. 33

Si le point est suffisamment près du centre, comme dans la figure 33, l'influence, toujours directe au début,

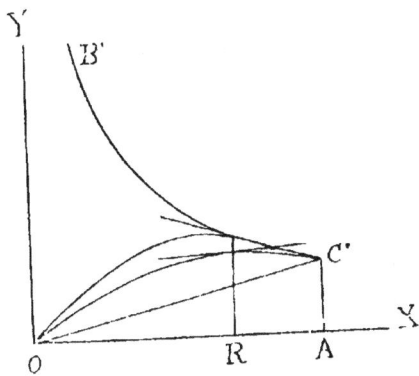

Fig. 34

augmente d'abord, passe par un maximum MN, diminue ensuite, devient nulle et enfin rétrograde;

Si le point choisi est près de l'extérieur (fig. 34),

l'influence directe diminue immédiatement, devient tout de suite très faible et bientôt change de sens.

Il résulte de cette discussion qu'un globe planétaire, dont la formation débuterait de bonne heure à l'intérieur de la masse chaotique, commencerait à tourner dans le sens direct; il serait ensuite sollicité plus ou moins dans le sens rétrograde jusqu'à ce qu'il se trouvât amené par la concentration progressive de toute la masse à circuler à peu près dans le vide. Or, tous les globes planétaires, provenant d'une agglomération d'amas dont la concentration sur le disque équatorial a précédé de beaucoup celle des matériaux disséminés dans les autres parties du lambeau, ont été formés dans ces conditions. Les planètes ont donc pris naissance à l'intérieur de la nébuleuse, quand la région des rotations directes s'étendait encore assez loin. A l'origine, leurs mouvements étaient de même sens, circulation et rotation. Mais si, pour les planètes inférieures, depuis Mercure jusqu'à Saturne, l'influence de rotation directe était considérable, pour une planète beaucoup plus éloignée, comme Neptune, cette influence était presque insignifiante. Et c'est ce qui explique très bien pourquoi, lorsque plus tard l'influence du milieu a changé de sens, les axes de ces planètes ont pris des inclinaisons si diverses ([1]).

([1]) Il est inutile d'insister sur ce fait que les globes planétaires, provenant de matériaux qui circulaient primitivement dans des plans plus ou moins inclinés, avaient pris eux-mêmes, pendant la période directe,

En premier lieu, Jupiter, par sa formation hâtive et sa position rapprochée du centre, a pu prendre une rotation rapide qui lui a permis de résister plus tard aux influences déviatrices. Son axe s'écarte à peine de 3° de la perpendiculaire au plan de l'orbite et la planète tourne sur elle-même en moins de 10 heures.

Le globe de Neptune, formé aussi en majeure partie pendant la période directe, mais provenant de matériaux qui circulaient à l'origine dans une région où l'influence de rotation était presque nulle, ne pouvait avoir aucune stabilité sur son axe. Il a suffi de quelques amas attardés venant s'adjoindre à lui pendant la période rétrograde pour inverser complètement sa rotation. La masse de ces retardataires était d'ailleurs trop faible pour communiquer au globe un mouvement rapide. Ce résultat est conforme à l'observation, car l'aplatissement de Neptune, — inférieur à 1/100° d'après M. Tisserand, — indique une rotation lente.

La formation d'Uranus est bien postérieure à celle des deux planètes précédentes ; elle est, pour ainsi dire, à cheval sur les deux périodes. La ligne de démarcation des rotations contraires, en quittant Neptune déjà presque terminé pour entrer dans la zone d'Uranus, a surpris le globe au milieu de sa formation ; l'axe a été couché sur le plan de l'orbite — inclinaison : 98°. — La planète devrait donc avoir une rotation ré-

---

un mouvement tourbillonnaire un peu oblique sur leur plan de circulation. Cette obliquité ne pouvait que s'accroître pendant la période rétrograde.

trograde très lente. Ici, l'observation semble contredire la théorie, et l'aplatissement considérable de la planète — 1/11ᵉ d'après M. Schiaparelli — fait croire à un mouvement rapide. Toutefois, cette difficulté disparaîtrait peut-être si les éléments d'Uranus étaient mieux connus. Quelques observations, fort incertaines il est vrai, assignent à la planète une durée de rotation comprise entre 10 et 12 heures, c'est-à-dire comparable à celle des grosses planètes Jupiter et Saturne. S'il était prouvé que cette durée dépasse sensiblement 10 heures, il faudrait renoncer à assimiler, comme on le fait généralement, Uranus à ses deux voisines au point de vue de la constitution physique. Cette opinion est fondée uniquement sur ce fait que la planète paraît entourée d'une épaisse atmosphère. Mais s'il est vrai que, pour Jupiter et Saturne, la comparaison de l'aplatissement et de la durée de rotation fait ressortir une augmentation rapide de densité de la surface au centre, — d'où l'on conclut que ces planètes sont en grande partie gazeuses, — il n'en saurait être de même pour Uranus, dans l'hypothèse d'une durée supérieure à 10 heures et d'un aplatissement égal à 1/11ᵉ. La planète serait au contraire composée d'éléments peu compressibles, arrivés presque au terme de leur condensation. Sa rotation ne pourrait plus guère s'accélérer par le refroidissement, à l'inverse de celle de Jupiter ou de Saturne dont le volume est appelé à diminuer beaucoup. La comparaison des durées de rotation de ces trois planètes ne doit être faite qu'après les avoir ramenées toutes au même degré de condensation. Jupiter et Saturne auraient alors une supériorité bien plus marquée. Cela concorde avec notre théorie qui assigne à Uranus et à Neptune une ancienneté très reculée. La plupart de leurs matériaux, déjà refroidis, sont solidifiés ou près de l'être, alors que Saturne, plus jeune, et Jupiter, doué d'une ample provision de chaleur d'origine, sont encore gazeux et peut-être même chauds.

En outre, il faut tenir compte de l'immense étendue de la zone de formation d'Uranus. Les matériaux de cette planète sont venus de très loin se réunir dans un petit espace. Il n'est pas surprenant que le globe résultant ait pris d'abord une rotation rapide autour de son axe. Il se peut même que cet axe ait eu, dès l'origine, une direction assez oblique, due aux troubles apportés par Neptune plus ancien, d'un côté, et par Saturne beaucoup plus volumineux, de l'autre. L'existence de ces perturbations est révélée par l'inclinaison sensible de l'orbite de la planète sur le plan du maximum des aires du système. Dans ces conditions, la déviation du globe aurait pu être très grande, sans amener un ralentissement considérable dans la rotation.

Étant donnée l'énorme distance qui sépare Uranus de Saturne, il est à croire que la première planète était presque terminée lorsque la période rétrograde a débuté pour Saturne. La seconde, au contraire, était loin d'être achevée, puisque l'axe du globe a été dévié d'environ 28°. Malgré cette déviation, relativement considérable, Saturne a une durée de rotation à peine plus longue que celle de Jupiter : 10 h. 15 m. au lieu de 9 h. 55 m. Comme pour Uranus, la grande étendue de la zone de formation de Saturne a compensé, dans une certaine mesure, le ralentissement survenu pendant la période rétrograde.

Mars et la Terre ont des durées de rotation et des inclinaisons assez peu différentes. D'une part, ces durées sont beaucoup plus longues que celles des grosses planètes, comme cela doit être, en raison de l'étendue des zones de formation. D'autre part, les axes sont de quelques degrés seulement moins inclinés que celui de Saturne ; ce qui fait croire qu'au moment où les trois planètes ont commencé à subir les influences déviatrices, elles étaient, à peu près, au même point de leur évolution. Ainsi, la rotation de Mars se fait en 24 h., 37 m., 23 s., soit 41 m. 20 s. de plus que celle de la Terre, et l'inclinaison de son axe dépasse de 2° environ celle de notre axe des pôles. Il semble donc que Mars soit à peu près contemporain de la Terre[1]. Mais l'écart entre les durées de rotation était certainement plus accusé au début. Le mouvement de la Terre a du être ralenti par les marées luni-solaires ; ce ralentissement a été beaucoup moindre pour Mars qui est plus loin du Soleil et dont le satellite le plus rapproché, Phobos, fait trois fois le tour de sa planète en moins de 24 heures.

Quant aux axes, il est bien probable que celui du globe terrestre avait déjà une déviation initiale inhérente au mode de formation du système. On sait

---

[1] Il importe assez peu pour l'exactitude de la théorie que Mars soit plus jeune où plus âgé que la Terre ; il est difficile de démêler la part qui revient à chacune des influences multiples et contraires au milieu desquelles s'est poursuivie la formation des planètes inférieures. Nous nous bornons à énumérer les causes dont l'ensemble nous fait croire à la priorité d'origine de la Terre.

que le plan du maximum des aires doit conserver une direction invariable, à travers toutes les transformations de la nébuleuse. Or, dans le système actuel, il est déterminé presque exclusivement par le mouvement des quatre planètes supérieures ; les planètes inférieures n'ont qu'une influence insignifiante sur la direction de ce plan, et le Soleil lui-même, qui contient la presque totalité de la matière nébulaire primitive, soit 699/700, mais qui n'occupe qu'une place restreinte au centre de son système, n'intervient que pour 1/30ᵉ dans le moment de rotation de l'ensemble. Donc, si le plan moyen de circulation des planètes supérieures — qui sont venues se former les premières — s'écarte seulement de quelques minutes du plan du maximum des aires de la nébuleuse primitive, pour conserver à ce dernier plan sa direction fixe, il faut que l'équateur du Soleil, et avec lui le plan de circulation des planètes inférieures, soit dévié de plusieurs degrés.

C'est d'ailleurs ce que l'on constate ; la déviation, déjà sensible pour la Terre — environ 2° —, s'accentue à partir de Vénus et s'élève à près de 6° pour l'orbite de Mercure et l'équateur du Soleil.

Il est permis de croire que ces perturbations du mouvement de circulation des planètes inférieures se sont étendues aussi à leur rotation. Les axes, déjà un peu déviés à la fin de la période directe, ont eu toute facilité pour s'incliner pendant la période rétrograde dont l'influence croissante a compensé la courte durée (1).

---

(1) L'influence rétrograde augmente rapidement au voisinage du Soleil vers la fin de la formation. Lorsque la plus grande partie de la matière nébulaire est devenue intérieure à l'orbite d'une planète, la

Les considérations précédentes lèvent la difficulté qu'aurait pu faire naître la comparaison des rotations de Mars et de la Terre. Bien que les éléments soient peu différents pour les deux planètes, notre globe était néanmoins plus avancé dans sa formation que celui de Mars au moment où il est entré dans la période rétrograde.

Nous ne pouvons guère nous étendre sur les rotations, encore fort incertaines, des planètes inférieures, Vénus et Mercure. Il est probable que les globes en formation ont pris un mouvement direct assez rapide autour d'axes un peu inclinés. Les influences rétrogrades ont ensuite dévié ces axes et ralenti la rotation. Puis, l'attraction centrale, de plus en plus grande, a dû tendre à redresser les axes et à rapprocher l'une de l'autre les durées de rotation et de révolution. Le mouvement définitif devrait donc être une rotation assez lente autour d'un axe peu incliné : c'est ce que semblent indiquer les plus récentes observations.

---

vitesse linéaire u des molécules qui se meuvent circulairement de part et d'autre de l'orbite de cette planète varie en raison inverse de la racine carrée de la distance au centre x,

$$u = \frac{A}{\sqrt{x}};$$

et l'influence rétrograde, qui se mesure par $\frac{du}{dx}$, est proportionnelle à

$$\frac{A}{x^{\frac{3}{2}}}.$$

CHAPITRE VIII

FORMATION DES SYSTÈMES PLANÉTAIRES

CONSIDÉRATIONS PRÉLIMINAIRES

Après avoir exposé avec autant de détails la formation des planètes autour du Soleil, il semble qu'il n'y ait presque plus rien à dire sur les divers systèmes planétaires que l'on considère toujours comme des réductions du système solaire. Or, cette croyance, basée uniquement sur une apparente similitude de formes et de mouvements, ne résiste pas à un examen sérieux. A vrai dire, les systèmes planétaires ne se ressemblent même pas entre eux. Certaines planètes, comme Saturne, traînent à leur suite un nombreux cortége de satellites ; d'autres, comme Vénus, Mercure, en sont totalement dépourvues. Pour les unes, Mars, Jupiter, ce cortége se compose de plusieurs satellites relativement petits et dont quelques-uns sont très rapprochés de leur planète ; pour la Terre, il se réduit à un gros satellite éloigné. Mais ce qui doit le plus frapper l'observateur, c'est de voir le nombre des satellites augmenter avec la distance au Soleil, pour les planètes à rotation directe, c'est-à-dire jusqu'à Saturne, et diminuer ensuite pour les planètes à rotation rétrograde, malgré l'augmentation continue des zones de formation.

DÉSIGNATION DES PLANÈTES	MERCURE	VÉNUS	LA TERRE	MARS	JUPITER	SATURNE	URANUS	NEPTUNE
Sens de la rotation....	dir.	dir.	dir.	dir.	dir.	dir.	rétr.	rétr.
Nombre de satellites...	0	0	1	2	5	8	4	1
Distance au Soleil.....	0,38	0,72	1	1,52	5,20	9,52	19	30

La décroissance ne peut être due qu'au changement de sens de la rotation pendant la réunion des amas.

Ce rapide aperçu fait déjà pressentir que la formation des systèmes planétaires n'est pas aussi simple que celle du système solaire, et qu'il faudra faire une étude détaillée pour chaque système en particulier. Cela était, du reste, facile à prévoir; car il ne saurait y avoir aucune ressemblance entre un lambeau chaotique créé tout d'une pièce, puis à peu près isolé dans le vide, et les divers globes planétaires formés par une réunion lente et successive d'amas tourbillonnaires au sein de ce même lambeau. Il est bien clair que les éléments des systèmes issus de ces globes dépendront des circonstances éminemment variables qui ont présidé à la réunion des amas.

Nous diviserons donc ce chapitre en deux parties : la première ayant trait aux grandes lignes de la formation des globes planétaires, la deuxième consacrée à l'étude détaillée de chaque système en particulier.

§ Ier

Formation d'un globe planétaire à l'intérieur de la nébuleuse. — Rotation rapide des planètes due au mouvement tourbillonnaire des amas dans le plan du disque équatorial. — Causes du peu d'étendue des systèmes planétaires. — La formation des satellites cesse avant la fin de la période directe. — Exiguïté des systèmes d'Uranus et surtout de Neptune. — Déviation des globes planétaires pendant la période rétrograde ; cette déviation ne s'étend pas jusqu'aux satellites très éloignés. — Rotation lente des satellites. — Différences essentielles entre le système principal et les systèmes secondaires.

Nous avons montré au Chapitre III, § IV, comment les amas qui circulent dans les deux sens, à l'intérieur d'un même anneau, arrivent à se rassembler tous dans une portion restreinte de cet anneau. La réunion de ces amas forme un globe très aplati, beaucoup plus dense que le reste de la nébuleuse, mais néanmoins encore assez diffus pour que la plupart des molécules puissent se mouvoir suivant les lois de la pesanteur interne. Auprès du centre, la densité croissante détermine cependant un commencement de rotation régulière qui s'étend progressivement à toute la masse. Or, comme tous ces amas sont composés eux-mêmes d'éléments animés de mouvements rotatoires dirigés dans un même plan, nous retrouvons à peu de chose près l'hypothèse de M. Faye ; c'est-à-dire que les molécules qui ont la vitesse convenable s'arrangent en anneaux dans le plan de l'équateur.

La seule différence vient de ce que M. Faye admet dans sa nébuleuse la préexistence d'un tourbillonnement unique dirigé dans un même sens : il est alors obligé pour justifier la rupture de ces anneaux de faire intervenir « l'appel vers un point de convergence de filets fluides animés de vitesses différentes » ; tandis que nous avons ici une double circulation de molécules dont les mouvements contraires déterminent leur agglomération rapide dans une région étroite de l'anneau. Toutefois, le conflit qui s'est élevé dans le disque équatorial a déjà fait disparaître, en partie, la circulation rétrograde avant la formation des globes planétaires, et ceux-ci sont composés, en grande majorité, d'éléments à circulation directe.

La condensation de tous ces éléments doit communiquer au noyau de chaque globe une rotation beaucoup plus rapide que celle du Soleil dont les matériaux circulaient à l'origine en proportions presque égales dans l'un et l'autre sens. Aussi, bien que les matériaux qui ont formé le Soleil soient venus de très loin se concentrer dans un espace relativement très petit, cet astre tourne cependant 60 fois moins vite que Jupiter ou Saturne et 25 fois plus lentement que la Terre. Ces différences énormes, accusées encore par l'étendue immense du système solaire comparée à celle des systèmes planétaires, démontrent jusqu'à l'évidence que la rotation du Soleil ne saurait être due, comme celle des planètes, à la préexistence d'un mouvement tourbillonnaire dans la nébuleuse d'origine.

On doit se demander pourquoi les systèmes planétaires ont aussi peu d'étendue. Celui de Saturne, le plus grand de tous, ne dépasse pas 60 fois le rayon de la planète, alors que Neptune circule à une distance égale à près de 6 400 fois le rayon du Soleil. Il faut en chercher la principale cause dans la formation successive des globes planétaires toute différente de la formation, pour ainsi dire instantanée, du lambeau chaotique solaire. On peut donner à celui-ci telles dimensions initiales que l'on voudra, pourvu que l'on ne sorte pas de la sphère d'attraction du Soleil. Il n'en est pas de même pour les globes planétaires formés d'agglomérations de matière ayant déjà subi un commencement de condensation. Cette condensation se poursuivait d'ailleurs pendant toute la durée de la formation et compensait, dans une certaine mesure, l'accroissement de volume produit par l'adjonction de nouveaux amas. Il pouvait même arriver, — comme on le verra par la suite, — que, dans le cas d'une formation très lente, la première cause l'emportant sur la seconde, le volume se mît à diminuer avant la fin de la réunion des derniers amas.

Telle est la cause générale du peu d'étendue des systèmes planétaires ; mais il y en a une autre dont l'action variable, ajoutée à la première, a encore contribué à restreindre la plupart de ces systèmes. Nous voulons parler de l'instabilité de l'axe. Représentons-nous un globe en formation au cours de la période directe. Soit M le noyau principal et N un amas qui vient s'adjoindre à lui (fig. 35). Si l'influence directe est très prononcée, la vitesse de l'amas N est bien supérieure à celle du noyau M, et lorsque l'amas est englobé par ce dernier, il doit se trouver, parmi les éléments nouvellement arrivés, des molécules ayant une vitesse relative suffisante pour prendre à l'intérieur du globe un mouvement circulaire. Cela est surtout vrai pour celles dont la vitesse de rotation s'ajoute à la vitesse de circulation à l'instant où elles entrent dans le globe.

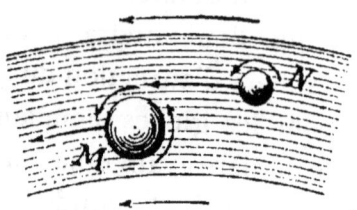

Fig. 35

Ces molécules sont les germes des satellites futurs, et leur nombre s'accroît pendant toute la période directe. Toutefois, cette accroissement se ralentit peu à peu vers la fin et il cesse entièrement à l'ouverture de la période rétrograde. En effet, pour qu'une molécule, entrant dans le globe, puisse décrire un cercle, il faut que le carré de sa vitesse fasse équilibre au produit de la pesanteur par le rayon du cercle,

$$v^2 = gr.$$

Or, d'une part, la vitesse relative suit les variations de l'influence directe et diminue avec elle ; d'autre part, le rayon du globe augmente et la pesanteur s'accroît. Il arrive un moment où la vitesse des molécules apportées par les amas ne peut plus développer une force centrifuge suffisante pour faire équilibre à l'attraction centrale. Ces molécules pénètrent toutes à l'intérieur du globe en décrivant des orbites aplaties et vont simplement grossir le noyau de la planète. Puis, dès le début de la période rétrograde, les amas qui viennent s'ajouter au globe font dévier le plan de son équateur. Il ne peuvent donc plus s'assembler en anneaux dans ce dernier plan qui s'écarte de plus en plus de celui de leur circulation. Ils ne peuvent pas davantage le faire dans un plan autre que celui de l'équateur du globe aplati (¹) ; car le plan de symétrie, ou équateur, est le seul pour lequel la pesanteur soit constante à une même distance du centre. Du reste, aussitôt que commence la déviation du globe, la régularité de forme et de mouvements, nécessaire pour la formation des anneaux, disparaît. L'adjonction des amas occasionne, au contraire, des troubles intérieurs peu favorables à la conservation des mouvements circulaires.

Il ressort de cette analyse que : toutes choses égales d'ailleurs, l'étendue d'un système planétaire doit être plus ou moins grande suivant que le globe générateur est entré plus ou moins tard dans la période rétrograde. On comprend que les dimensions de ces systèmes varient en proportion de celles des zones de formation et qu'elles croissent d'abord avec la distance au Soleil ; mais on ne saurait expliquer, en dehors des considérations précédentes, pourquoi il se produit ensuite une décroissance si marquée de Saturne à Neptune (²).

---

(1) Ce globe, formé par une réunion d'amas qui circulent à peu près dans le même plan, est nécessairement aplati. L'équateur est le plan de symétrie.

(2) On doit remarquer que si la Terre n'a qu'un satellite, tandis que Mars en possède deux, par contre, la Lune circule à une distance égale à 60 rayons terrestres, et Deimos, le second des satellites de Mars, se meut dans une orbite dont le rayon est à peine 7 fois celui de sa planète. En outre, la masse de la Lune est relativement considérable,

La déviation subie par les globes planétaires au cours de la période rétrograde s'est étendue naturellement aux orbites des satellites qui s'y trouvaient emprisonnés. Ces satellites circulent actuellement dans le plan de l'équateur de leur planète. Mais ceux qui se sont trouvés séparés de leur globe avant que celui-ci ne fût lui-même dégagé de la nébuleuse solaire n'ont subi qu'une partie de la déviation: ils circulent aujourd'hui sur des orbites qui se rapprochent davantage du plan de symétrie du système. Tels sont les satellites très éloignés, comme la Lune, le huitième satellite de Saturne. Quant au satellite de Neptune, dont le plan de circulation paraît très différent de celui de l'équateur de sa planète, bien qu'il ne soit pas très éloigné, on verra que l'écart provient de la rapide contraction du globe de Neptune.

Il est à remarquer que les satellites des planètes, qui ont pris naissance dans les régions supérieures du globe en formation, où l'influence directe était en général peu prononcée, ne pouvaient avoir qu'une rotation lente. L'allongement produit sur ces mêmes satellites par l'attraction de leur planète a dû suffire, dans la majorité des cas, pour égaliser les durées de rotation et de révolution.

En résumé, les systèmes planétaires sont caractérisés par une étendue relativement restreinte et une

---

et celle des deux satellites de Mars réunis est insignifiante. Cela confirme ce que nous avons dit sur la priorité de formation de la Terre : le globe terrestre était certainement plus avancé que celui de Mars lorsqu'a débuté pour chacun d'eux la période rétrograde.

FORMATION DES SYSTÈMES PLANÉTAIRES

rotation rapide de l'astre central. En outre, les satellites circulent dans le plan de l'équateur de leur planète, à l'exception de trois ; ces exceptions sont dues à l'influence rétrograde. Dans le système solaire, qui n'a subi aucune influence de ce genre, l'équateur du Soleil est plus ou moins incliné sur toutes les orbites planétaires. Ce phénomène, à peu près inexplicable dans toutes les théories fondées sur la préexistence d'un mouvement giratoire, est une conséquence naturelle de notre hypothèse. (Chap. VII, p. 95.)

Il n'y a donc aucune comparaison à établir entre les divers systèmes planétaires et le système solaire, malgré la similitude apparente des mouvements. D'ailleurs, cette similitude n'existe qu'à la condition d'éliminer du système solaire les comètes et les petites planètes dont les orbites sont loin d'être circulaires. On pourrait en dire autant de l'orbite de Mercure : son excentricité dépasse 0,2 ; et, pour les satellites des planètes, les excentricités sont presque insignifiantes.

Nous allons maintenant passer successivement en revue chacun des systèmes planétaires en suivant l'ordre chronologique de leur formation, Jupiter, Neptune, Uranus, etc... Cette étude sera malheureusement très bornée, car nous savons bien peu de chose sur les satellites des planètes. La Lune elle-même nous est à peine connue ; nous ne pouvons voir que la moitié de sa surface ; il nous est interdit de pénétrer à son intérieur. La géologie, qui nous permet de fixer approximativement l'âge de la Terre et d'affirmer sa priorité d'origine sur le Soleil, ne nous est plus d'aucun secours quand il s'agit de la Lune. Celle-ci est-elle plus jeune ou plus âgée que la Terre ? Nul ne pourrait le dire. Il est vrai qu'elle est plus avancée dans son évolution, puisque les conditions qui nous paraissent nécessaires à la vie n'existent plus à sa surface ; mais, est-ce là une preuve suffisante de son ancienneté ? Le refroidissement a dû suivre une marche plus rapide sur la Lune que sur la Terre. L'apparence déserte des paysages lunaires est plutôt la conséquence d'une vie astrale relativement courte que la preuve d'une antiquité reculée. Pour les autres satellites, les données sont encore plus incomplètes ; on connaît leur existence, leur mouvement orbital, quelquefois leur masse, et c'est à peu près tout. Rien de leur constitution physique, de leur forme, ni de leur rotation. C'est avec des éléments aussi incomplets que nous sommes forcés d'aborder l'étude de la formation des satellites ; ils nous suffiront cependant pour en esquisser au moins les lignes principales.

§ II

Etude détaillée des systèmes planétaires. — Système de Jupiter. — Rotation de la planète comparée à celle du Soleil. — Faible masse de l'ensemble des satellites. — Hypothèse de Laplace. — Système de Neptune ; son exiguïté ; lenteur de la rotation. — Système d'Uranus ; ralentissement apporté dans la formation par l'accroissement de l'attraction centrale. — Système de Saturne ; ses anneaux. — Invraisemblance des hypothèses faisant dériver les planètes et leurs satellites de la rupture d'anneaux semblables. — Causes de la formation des anneaux de Saturne ; condensation extrêmement lente du globe planétaire, due en partie aux perturbations opposées de

Jupiter et d'Uranus. — La matière amassée dans le plan de l'équateur planétaire, au lieu d'être précipitée vers le centre, comme dans le système de Jupiter, se rassemble circulairement assez loin de la planète pour former des anneaux distincts. — Satellites ; explication du vide existant entre Rhéa et Titan et de l'isolement de Japetus. — Positions relatives des satellites de plus grande masse dans les systèmes planétaires et dans le système solaire. — Système Terre-Lune. — Masse de la Lune ; son isolement. — Hypothèse de Laplace. — Systèmes de Mars, Vénus et Mercure.

Système de Jupiter. — Le système de Jupiter se compose de cinq satellites dont les distances au centre et les masses sont les suivantes, le rayon de Jupiter et sa masse étant pris pour unités :

NUMÉROS D'ORDRE	DISTANCES	MASSES
1	2,55	très faible
2	5,933	0,000 016 877
3	9,439	0,000 023 227
4	15,047	0,000 088 437
5	26,486	0,000 042 475
Total des masses des satellites.		0,000 18 environ

Durée de la rotation de Jupiter : 9 h. 55 m.

Un tableau analogue établi pour le système solaire fait voir que Mercure est à une distance du centre du Soleil égale 82 fois le rayon de celui-ci, et Neptune à la distance 6 400.

L'ensemble des masses des planètes atteint le chiffre

0,0014, près de 8 fois supérieur au chiffre correspondant (0,00018) du système de Jupiter.

La rotation du Soleil a une durée de 25 j. 4 h. 29 m., c'est-à-dire qu'elle est 61 fois plus lente que celle de Jupiter, et il ne faut pas oublier que celle-ci a dû être ralentie pendant la période rétrograde.

Si les deux systèmes étaient ramenés aux mêmes proportions, le diamètre du Soleil serait 242 fois moindre que celui de Jupiter, et le rapport des quantités de mouvement dues à la rotation de chaque astre central deviendrait

$$\frac{1}{3\,500\,000}.$$

Ces chiffres montrent bien que le petit système n'est pas la réduction du plus grand et que la rotation du Soleil ne provient pas, comme celle de Jupiter, de mouvements giratoires préexistants.

Il reste à expliquer pourquoi la masse totale des satellites est si faible relativement à celle de la planète ; car le globe de Jupiter, formé presque entièrement au cours de la période directe, a dû contenir beaucoup de molécules animées de mouvements circulaires. Ces molécules, étant pour la plupart dans le plan de l'équateur du globe aplati, devraient s'y retrouver aujourd'hui sous forme de satellites. Mais il y a lieu de remarquer que si l'aplatissement initial d'un globe planétaire favorise la formation d'anneaux circulaires dans le plan de son équateur, il active aussi la condensation centrale en rendant plus faciles et plus fréquentes les rencontres entre molécules. En outre, dans une réunion successive d'amas autour d'un centre commun d'attraction, le noyau central prend dès l'origine une prépondérance plus ou moins grande. La densité du globe, qui va en croissant vers l'intérieur, occasionne une augmentation corrélative de la pesanteur. Les orbites moléculaires se rétrécissent rapidement, autant par l'accroissement de cette pesanteur que par la résistance au mouvement. On sait que Jupiter a eu une formation rapide ; les amas, en venant se presser les uns contre les autres, ont déterminé une poussée générale de toute la matière vers le centre, poussée dans laquelle ont été compris les satellites. Tous se sont fortement approchés de leur planète, et la plupart y ont été englobés. Le système se compose exclusivement de ceux qu'un éloignement suffisant du centre a préservés de la chute. Cette opinion, émise jadis par Laplace, se trouve aujourd'hui confirmée. Nous sommes heureux de nous rencontrer, au moins une fois, avec le grand géomètre, dans l'exposé de notre théorie.

Système de Neptune. — Ce système ne comprend qu'un seul satellite dont la distance au centre est à peine 15 fois le rayon de la planète, et qui circule néanmoins dans une orbite très inclinée sur l'équateur de Neptune ([1]). Cette inclinaison fait voir que le satellite a été séparé du globe planétaire pendant la période d'instabilité, avant que Neptune fût dégagé de la nébuleuse solaire. La petite distance du satellite à sa planète démontre, en outre, que la condensation du globe a été très rapide. En d'autres termes, le système de

---

(1) Cette inclinaison, révélée par le mouvement de précession de l'orbite, est évaluée à 25° environ.

Neptune était déjà d'ancienne formation avant la fin de la période rétrograde. Si l'on veut bien se rappeler ce qui a été dit sur cette formation, on verra sans peine que l'exiguïté du système et la condensation rapide du globe vont de pair avec le renversement de l'axe et la lenteur de la rotation. En effet, ce globe ayant pris naissance dans un milieu où l'influence directe était peu sensible, un très petit nombre de molécules ont eu la vitesse suffisante pour décrire des circonférences ; ce nombre, déjà restreint, a cessé de s'accroître pendant la période indécise qui a précédé la période franchement rétrograde, et au cours de laquelle l'axe du globe a dû osciller plusieurs fois avant de se renverser tout à fait. Aucun anneau n'a pu se former en dehors de la région centrale ; c'est pourquoi le système se compose aujourd'hui d'un unique satellite rapproché. Enfin, la direction rentrante, suivie par les molécules à l'intérieur du globe, a déterminé leur prompte concentration autour du noyau de la planète. La plupart des matériaux sont venus aboutir presque directement vers le centre, en dedans de l'orbite du satellite. Celui-ci a échappé en partie à la déviation générale. Telle est la raison pour laquelle le plan de son orbite paraît si différent de celui de l'équateur. Cette circonstance explique aussi la lenteur de la rotation. Ainsi, non seulement Neptune est d'ancienne formation comme globe planétaire, mais il est, en outre, très avancé dans son évolution. Sa densité, très grande pour une planète composée de matériaux d'essence légère, ne permet pas d'en douter.

Système d'Uranus. — Les dimensions absolues du système d'Uranus sont supérieures à celles du précédent dans la proportion de 5 à 3 environ ; mais elles sont loin d'être en rapport avec l'étendue de la zone de formation. Cette exiguïté relative est due à la déviation considérable subie par l'axe au cours de la longue période rétrograde, déviation qui toutefois a été moindre pour Uranus que pour Neptune.

Les satellites sont au nombre de quatre, et ils circulent à peu près dans un même plan incliné de 98° environ sur l'orbite de leur planète. Ce plan doit être aussi celui de l'équateur de la planète aplatie, sinon il se produirait, comme pour Neptune, un mouvement de précession des orbites. On conclut de là que le système s'est formé après que le globe planétaire a été dégagé de la nébuleuse solaire, alors que toute influence rétrograde avait cessé pour Uranus (1).

Les distances des satellites, exprimées en rayons de la planète, sont environ 7, 10, 16 et 22. Autrement dit, le globe d'Uranus, à l'époque de son émersion, s'étendait au moins 22 fois plus loin qu'aujourd'hui. Il a donc eu une formation assez lente, ce qui a permis à tous les satellites d'accompagner leur planète dans la déviation de son équateur.

La condensation plus lente du globe d'Uranus, comparativement à Neptune, s'explique d'abord par ce fait que les amas avaient, au moment de leur réunion, une vitesse relative plus grande, les uns par rapport aux autres. Les molécules, en entrant dans le globe, ont

---

(1) A la même époque, le petit système de Neptune, dégagé depuis longtemps de la nébuleuse, avait déjà la même figure qu'aujourd'hui.

décrit des trajectoires plus larges et plus voisines de la circonférence. C'est pour cette même raison que le système a des dimensions plus grandes et la planète une rotation plus rapide. En outre, la réunion des amas a dû être retardée vers la fin par l'accroissement continu de la pesanteur à l'intérieur de la nébuleuse.

Système de Saturne. — Ce système est remarquable aussi bien par son étendue que par la ceinture d'anneaux qui entoure la planète. Il est près de deux fois plus grand que celui de Jupiter, et ne comprend pas moins de huit satellites dont le dernier seul s'écarte beaucoup du plan de l'équateur. Les anneaux eux-mêmes ne sont sans doute qu'une agglomération d'innombrables satellites dans un espace restreint.

Leur conservation indéfinie à travers les vicissitudes du système devient un problème embarrassant pour les astronomes qui font dériver le système solaire de la rupture d'anneaux nébuleux tournant régulièrement dans leur plan. Leur stabilité et leur mouvement sont un démenti permanent aux théories de Laplace et de ceux qui veulent voir, dans la circulation de même sens des planètes, la preuve d'une rotation initiale imprimée à la nébuleuse solaire. Il nous semble, d'ailleurs, qu'un peu de réflexion suffit pour montrer que ces anneaux ne peuvent avoir rien de commun avec les anneaux hypothétiques formés, soit par un dépôt de vapeurs abandonnées par une atmosphère en voie de condensation, soit par un arrangement de molécules extrêmement rares, animées de mouvements giratoires. Leur densité considérable rend cette assimilation impossible; leur rupture donnerait naissance à 8 satellites com-

parables à Titan, le plus gros du système, et à plus de
17 000 satellites supérieurs à Mimas, le plus voisin de
la planète. Quelle que soit leur origine, on ne saurait
expliquer l'accumulation d'une pareille masse, sans
faire intervenir des circonstances exceptionnelles. On
est ainsi amené à croire qu'ils ne proviennent pas d'une
formation initiale, laquelle aurait pu traverser sans
trouble la longue série des évolutions planétaires ; on
doit, au contraire, chercher, dans cette évolution
même, les causes de leur existence actuelle. Pour tout
dire :

Les agglomérations de matière qui ont donné naissance aux planètes et à leurs satellites ne dérivent pas de la rupture d'anneaux générateurs ; ce sont les anneaux qui résultent de ces agglomérations de matière.

Dans le système de Saturne, comme dans le système solaire, il s'est formé des amas par la réunion des molécules voisines animées de mouvements circulaires. Les amas d'une même circonférence ont pu présenter dans leur ensemble une figure annulaire ; mais, au début, ils ne formaient pas d'anneaux réguliers tournant dans leur plan à la manière de cerceaux solides. Les mouvements primitifs avaient lieu dans les deux sens ; puis, de même que dans les autres systèmes planétaires, l'une des deux circulations a peu à peu disparu devant l'autre.

Comment ces amas, au lieu de s'agglomérer en globes séparés, ont-ils pu s'arranger sous forme d'anneaux plats donnant de loin l'illusion d'un corps homogène et continu ? Nous allons montrer que c'est une conséquence mécanique de la condensation excessivement lente du globe de Saturne.

Les molécules qui se meuvent à l'intérieur d'un globe planétaire peuvent se partager en deux groupes : d'une part, celles qui décrivent des cercles dans le plan de l'équateur ; de l'autre, celles qui vont et viennent en tous sens en dehors de ce plan, sur des orbites plus ou moins allongées. Pour celles-ci la chute au centre paraît inévitable. Les premières forment par leur réunion un disque dont la densité augmente, comme on l'a vu, depuis le centre jusqu'à un point au delà duquel elle diminue ensuite indéfiniment (Chapitre III, fig. 17). La matière amassée dans le plan de l'équateur, y compris le noyau central en formation, pourrait être répartie uniformément à l'intérieur d'une surface de révolution d'épaisseur variable dont le profil est celui de la figure 36. — BB' est le noyau central,

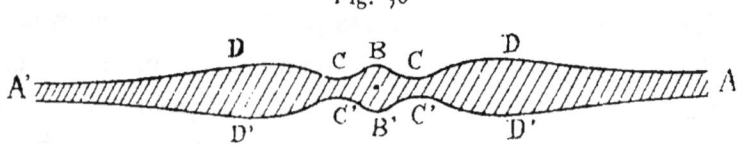

Fig. 36

DD' le renflement correspondant au maximum de densité du disque.

Les amas qui forment ce disque éprouvent, de la part des autres molécules du globe, une résistance qui dépend de leur vitesse relative par rapport à ces mêmes molécules. Or, la vitesse linéaire du mouvement circulaire des amas à l'intérieur du disque est connue : elle peut être figurée successivement par des courbes telles que OE'C, OF'C, OH'C (Chapitre VII, fig. 31). Les vitesses des molécules qui constituent le milieu résistant sont un peu plus difficiles à calculer, car elles varient en grandeur et en direction pour un même point à l'intérieur du globe, et il faudrait connaître séparément la vitesse de toutes les molécules qui passent en un point donné. Ces vitesses, déjà très différentes d'une molécule à l'autre, varient aussi sur la trajectoire. Elles augmentent ou diminuent suivant que la composante de la pesanteur est dirigée, ou non, dans le sens du mouvement, c'est-à-dire suivant que la mo-

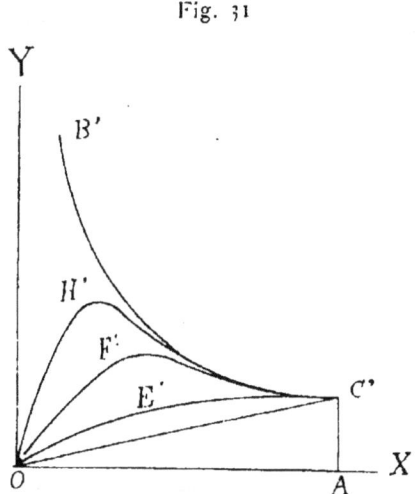

Fig. 31

lécule se rapproche ou s'éloigne du centre. Mais les mouvements tendent à s'égaliser par les chocs et les frottements intérieurs. L'égalisation commence par le centre où la densité est plus grande ; il s'y forme un petit noyau dont la rotation, à peine dessinée au début, s'étend progressivement à toute la masse. Cette circulation croisée des molécules, à l'intérieur du globe, équivaut, en réalité, à une rotation très lente qui s'accélère avec la condensation. L'unique différence est la suivante : dans une rotation régulière les vitesses sont proportionnelles à la distance au centre ; ici cette proportionnalité n'existe que pour le petit noyau dont la rotation est uniformisée ; il y a, au contraire, décroissance de vitesse pour les molécules plus éloignées du centre. Au point de vue de la résistance au mouvement, on peut considérer le milieu dans lequel circulent les amas comme formé d'éléments décrivant des orbites spiraloïdes ; les vitesses croissent d'abord vers l'intérieur jusqu'auprès du noyau central où elles diminuent pour devenir proportionnelles à la distance.

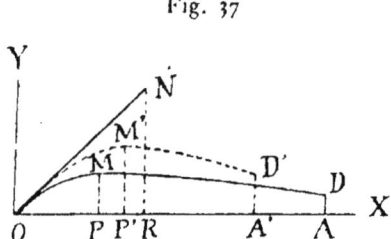

Fig. 37

La courbe de ces variations de vitesse est représentée en OMD (fig. 37). — OA est le rayon équatorial du globe planétaire. — Le mouvement s'accélère à mesure que le rayon OA diminue ; le maximum MP s'élève en s'éloignant du centre et finit par disparaître lorsque la rotation régulière du noyau s'étend à toute la masse. La variation de vitesse est alors représentée par une ligne droite ON.

Il va sans dire que les ordonnées de cette courbe OMD sont toujours plus courtes que les ordonnées correspondantes de la courbe des vitesses des amas OHC (fig. 38) ; autrement la condensation n'aurait pas lieu. Ainsi, pour ne citer qu'un exemple, le rapport de

FORMATION DES SYSTÈMES PLANÉTAIRES

la force centrifuge équatoriale $\dfrac{v^2}{r}$ à la pesanteur g à l'équateur de Saturne est :

$$\frac{v^2}{rg} = 0,16\,;$$

d'où,

$$v = 0,4\sqrt{rg}.$$

L'ordonnée NR (fig. 37) représente précisément la vitesse v qui développe cette force centrifuge, tandis

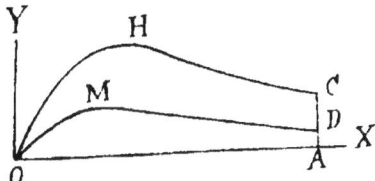

Fig. 38

que la vitesse linéaire du mouvement circulaire à cette même distance r est :

$$V = \sqrt{rg},$$

c'est-à-dire, deux fois et demie plus forte.

Les amas éprouvent de la part des autres molécules du globe une résistance qui s'accroît rapidement depuis l'extrémité du rayon du disque équatorial jusqu'au point où leur vitesse relative par rapport à l'ensemble de ces mêmes molécules atteint son maximum FG (fig. 39). Cette résistance croissante est due, non seulement au mouvement plus rapide des amas à l'intérieur, mais en outre à l'augmentation de la densité du milieu. Pour une condensation très lente, le maximum de vitesse relative FG est très voisin du maximum absolu HK, car la courbure de la ligne OMD est peu sensible dans la partie MD. La résistance s'accroît encore en approchant du centre tant que l'augmentation de la densité du globe peut compenser la diminution de vitesse des amas;

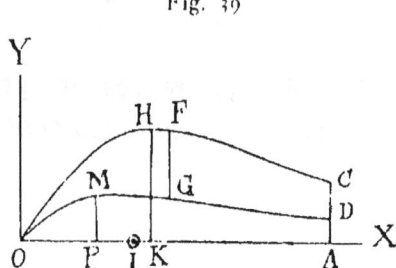

Fig. 39

elle atteint son maximum en un certain point I, puis elle diminue jusqu'au centre où les vitesses tendent vers zéro. Ce point de plus grande résistance I n'est pas éloigné du maximum de pesanteur qui se trouve lui-même en deçà du maximum de vitesse absolue HK.

Ces variations de résistance, combinées avec les variations de pesanteur, ont pour conséquence un rétrécissement inégal des orbites des amas. Auprès du point A, où la résistance est à peu près nulle et où la pesanteur ne varie plus guère, les orbites conservent presque leur forme circulaire. Mais vers le point I, la résistance plus grande du milieu fait prendre aux orbites une direction rentrante IR (fig. 40); et comme la pesanteur, — dont le maximum mobile est voisin de la circonférence OI, — augmente beaucoup à l'intérieur de cette même circonférence pendant toute la durée de la condensation, elle accentue encore la forme convergente de l'orbite IR. Suivant que cette condensation est plus ou moins rapide, tous les amas compris à l'intérieur du cercle OI peuvent tomber sur leur planète, comme dans le système de Jupiter, ou s'assembler circulairement autour d'elle, comme dans le système de Saturne.

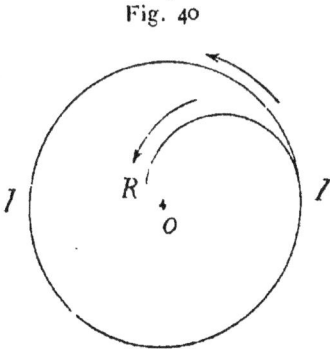

Fig. 40

Pour bien comprendre la marche du phénomène, il faut se reporter à la figure 36, qui donne la répartition de la matière amassée dans le plan de l'équateur.

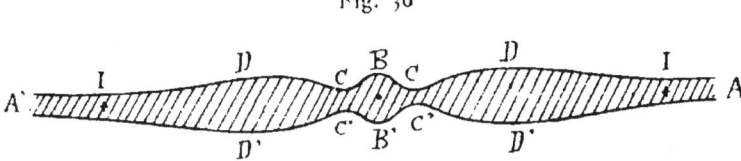

Fig. 36

Au renflement DD' correspond déjà un anneau plus dense que les autres parties du disque équatorial; cet anneau se trouve à l'intérieur de la circonférence de plus grande résistance OI, car la concentration du disque est bien plus avancée que celle du reste du globe. La résistance que les amas éprouvent dans leur marche fait passer à l'intérieur du cercle OI une partie de la matière amassée dans la région extérieure AI. Et comme toute la masse est poussée en même temps vers le centre, lorsque le rayon de la circonférence OI est réduit à OJ (fig. 41), la densité de l'anneau DD′

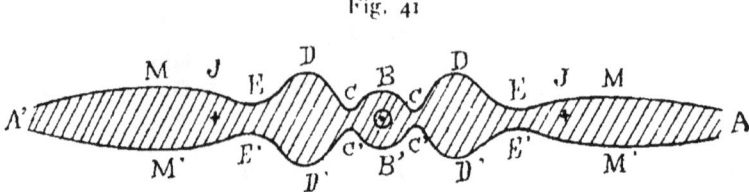

Fig. 41

augmente doublement par l'accroissement de sa masse et par sa diminution de volume.

C'est ici qu'intervient l'allure de la condensation pour assurer la stabilité de l'anneau ou pour le précipiter sur sa planète. Dans une condensation très lente, l'étranglement CC′ persiste indéfiniment ; d'une part, le noyau central BB′ grossit peu au début, et de l'autre, la densité restant toujours très faible à une petite distance autour de ce noyau, les amas qui circulent dans le voisinage de la circonférence CC′, avec une vitesse peu différente de celles des molécules qui les entourent, n'éprouvent qu'une résistance insignifiante dans leur marche. Ils se maintiennent sur une orbite à peu près circulaire, formant barrière pour ceux des régions supérieures que l'accroissement de pesanteur et de résistance pousse incessamment vers le centre. La matière de l'anneau DD′ devient bientôt assez dense pour résister, dans une certaine mesure, à cette poussée, comme pourrait le faire un ressort à boudin disposé circulairement et comprimé par l'extérieur (fig. 42.)

Enfin, les quelques rares amas qui circulent à hauteur de l'étranglement CC′, sollicités d'une part vers le globe central, de l'autre vers la région annulaire de plus grande densité, obéissent à l'une ou l'autre de ces deux attractions, laissant un vide entre l'anneau et le corps de la planète.

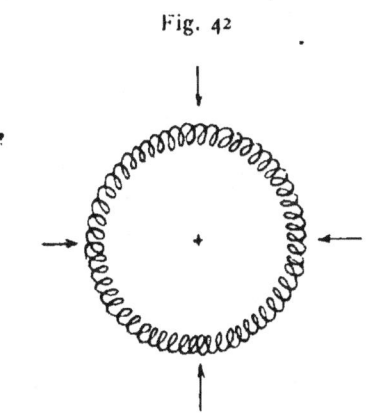

Fig. 42

Depuis cette formation, le refroidissement a dû faire disparaître la faible pression qui régnait à l'intérieur de l'anneau ; les molécules, perdant leur cohésion, se sont un peu rapprochées du centre, et il s'est produit des ruptures circulaires, des solutions de continuité dans toute la masse. C'est ainsi que l'anneau de Saturne nous apparaît aujourd'hui, non comme un corps fluide, homogène et continu, mais comme un ensemble de particules indépendantes formant des anneaux nettement séparés.

Dans le cas contraire, où la condensation suit une marche rapide, le noyau central s'étend très vite jusqu'auprès du maximum de densité du disque qui lui-même est poussé vivement vers le centre. L'étranglement CC′ tend à disparaître (fig. 43). L'anneau finit alors par être englobé par la planète. Tel est le cas de

Jupiter dont la plupart des satellites en formation sont allés grossir le noyau central.

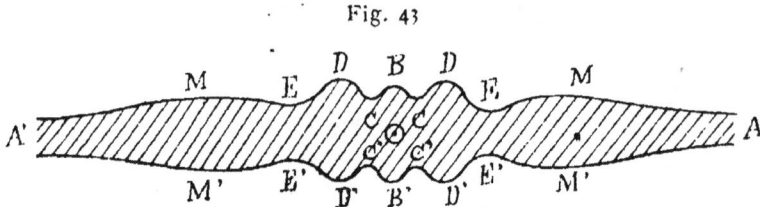

Fig. 43

Une autre conséquence de ce mouvement ondulatoire des orbites à l'intérieur du disque, est de produire un second étranglement EE' au-delà du maximum DD' et de provoquer la formation d'une région annulaire de plus grande densité MM' extérieure à la première. Le satellite de plus grande masse prend naissance sur la circonférence MM', à une distance du centre plus grande que DD' où il devrait se trouver sans la résistance au mouvement des amas à l'intérieur du globe. Dans le système solaire pour lequel l'extrême rareté de la matière nébulaire a rendu cette résistance presque nulle, Jupiter, qui a pris naissance sur la circonférence DD', se trouve relativement plus près du centre que le satellite de plus grande masse dans les systèmes de Jupiter et de Saturne. Si l'on prend pour unité, dans chaque système, le rayon de la planète ou du satellite le plus éloigné, on trouve :

Pour la distance de Jupiter au Soleil 0,173
Pour celle du plus gros satellite de Jupiter . . 0,570
    Id.   id.   de Saturne. 0,342

L'examen du tableau suivant dans lequel sont résumés les éléments du système de Saturne, confirme encore l'exactitude des théories précédentes.

SATELLITES	DISTANCES	MASSES
Mimas........	3,10	0,000 000 09
Encelade.....	3,98	0,000 000 25
Thétis........	4,93	0,000 001 30
Dioné........	6,31	0,000 001 89
Rhéa.........	8,83	0,000 005 00
Titan.........	20,45	0,000 212 77
Hypérion.....	25,07	»
Japetus.......	59,58	0,000 010 00
Anneaux.....	1,48 à 2,29	0,001 600 00

La somme des masses des satellites, non compris les anneaux, est environ :

0,000 24,

chiffre comparable à la somme similaire du système de Jupiter :

0,000 18.

En ajoutant la masse des anneaux, on obtient un total de :

0,001 84,

un peu supérieur au chiffre

0,001 42,

qui représente l'ensemble des masses des planètes par rapport au Soleil.

Dans le système de Saturne, les satellites manquants se retrouvent dans les anneaux.

On remarque deux solutions de continuité dans la succession des distances des satellites au centre de leur planète : la première entre Rhéa et Titan de beaucoup le plus gros des huit ; la deuxième avant le dernier satellite, Japetus, dont l'orbite s'écarte d'environ 10° du plan de circulation des sept autres. Ce satellite est comme un jalon laissé par le globe au cours de sa déviation.

Au début de la période rétrograde, le globe de Saturne, quoique incomplètement formé, s'étendait bien au-delà des limites actuelles du système. Sa masse a continué de s'accroître pendant cette période et l'équateur de la planète a été dévié, entraînant avec lui les orbites des satellites encore emprisonnés dans le globe. Malgré l'accroissement, d'ailleurs très lent, de cette masse, le volume a néanmoins diminué par condensation. Alors le satellite le plus éloigné a cessé d'appartenir au globe ; il s'en est séparé au moment où la déviation de l'équateur approchait de 17°, et le plan de son orbite a conservé une inclinaison à peu près fixe. Le globe, encore emprisonné dans la nébuleuse, a subi une déviation supplémentaire de près de 10° due à l'adjonction des derniers amas. Mais ceux-ci, dont le plan de circulation ne coïncidait plus avec l'équateur du globe, ne pouvaient donner naissance à de nouveaux satellites. Le huitième, circulant isolément en dehors du globe, n'éprouvait aucune perturbation dans sa marche ; les sept autres, ralentis par la résistance du milieu, se rapprochaient plus ou moins du centre de leur planète, et ils participaient, eux aussi, à la déviation générale. Puis le globe, étant à son tour dégagé de la nébuleuse, a cessé de s'accroître ; la condensation a suivi une marche un peu plus rapide, et les sept satellites intérieurs au globe ont été successivement abandonnés par lui dans le plan de son équateur devenu fixe.

C'est pourquoi le huitième satellite circule aujourd'hui loin des autres, dans une orbite plus rapprochée du plan de circulation de sa planète.

L'autre solution de continuité, observée entre Rhéa et Titan, est due à la grande masse de ce dernier satellite qui, à l'exemple de Jupiter, a fait autour de lui un vide, peut-être en partie comblé par une poussière de satellites invisible pour nous.

Système Terre-Lune. — Ce système est un des moindres, si on n'envisage que le nombre des satellites. C'est le plus important de tous, si on tient compte de leur masse. A ce dernier point de vue, la Lune est même une exception parmi les autres satellites. Sa masse, 0,012 55, rapportée à celle de sa planète, est relativement près de 60 fois supérieure à celle de Titan et plus de 130 fois supérieure à celle du plus gros satellite de Jupiter. Cette circonstance, dont la position de la Terre, entre Mars et Vénus, fait encore ressortir la singularité, demande une explication.

Le globe terrestre a, dans ses origines, plusieurs points communs avec le globe de Saturne. L'un et l'autre ont été déviés à peu près de la même quantité [1]

---

[1] L'inclinaison de l'axe de Saturne est de 27 degrés environ, celle de l'axe des pôles terrestres est de 23 degrés 1/2, mais ce dernier a pu être redressé un peu par les marées luni-solaires.

pendant la période rétrograde, en abandonnant un satellite à grande distance. Ce sont aussi les seuls qui n'aient pas absorbé la presque totalité de la matière du système. Mais il y a des différences essentielles dans le mode de formation des deux planètes. Les matériaux de la Terre, dispersés d'abord sur une zone où s'est trouvé plus tard, grâce aux perturbations de Jupiter, un maximum de densité du disque, ont dû se rapprocher les uns des autres dans le sens du rayon de cette zone, de manière à circuler à l'intérieur d'un anneau assez étroit. Leur réunion définitive s'est faite au passage du bourrelet équatorial dont les amas ont apporté une nouvelle entrave à la circulation interne de l'anneau. Cette réunion d'éléments déjà rassemblés dans un petit espace n'a pu demander un temps très long, et le globe terrestre a eu certainement une formation beaucoup plus rapide que celui de Saturne. On prévoit déjà qu'il ne s'y formera pas d'anneaux. Sans l'influence rétrograde, on pourrait s'attendre à retrouver en petit le système de Jupiter. C'est ici qu'interviennent les perturbations centrales qu'il ne faut pas confondre avec les marées solaires.

Soient : O le centre du Soleil naissant, et T celui du globe terrestre, avant l'ouverture de la période rétrograde. Un amas quelconque M situé à l'intérieur du globe, tend à décrire une orbite circulaire MCNP (fig. 44) et l'ensemble des amas d'une même circonférence dessine la figure d'un anneau. Chaque amas éprouve dans son mouvement des perturbations analogues à celles de la Lune, évection et variation. Quand il va des quadratures M ou N à la conjonction C ou à l'opposition P, sa vitesse est augmentée et son orbite s'allonge. Le contraire a lieu quand il marche vers les quadratures. Cette inégalité de mouvement est figurée par des flèches extérieures ou intérieures. Il en résulte une dispersion irrégulière des amas sur la circonférence ; il y a une accumulation de matière, un engorgement vers l'opposition ou la conjonction, et une raréfaction auprès des quadratures. Un anneau dans lequel la circulation se ferait dans un seul sens aurait une tendance à se partager en deux masses à peu près égales aux deux extrémités d'un même dia-

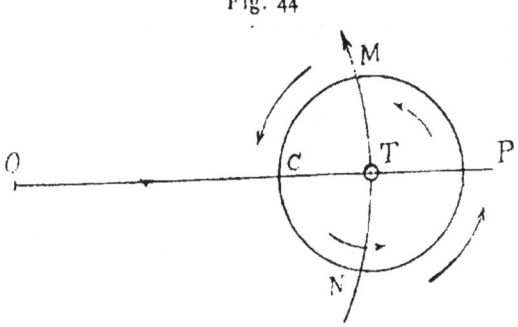

Fig. 44

mètre. Mais ici cette tendance se combine avec la gêne due à la double circulation qui fait affluer la matière vers les régions de plus grande densité. Lorsqu'une région de ce genre arrive en opposition ou en conjonction, l'obstruction devient plus grande, et l'agglomération des matériaux se fait plus rapidement. Il ne semble pas, d'ailleurs, que la dispersion qui tend à se produire aux approches des quadratures puisse retarder la réunion définitive de tous les amas en un seul globe ; car, dans la double circulation, les perturbations qui ralentissent la marche des molécules dans un sens accélèrent le mouvement de celles qui vont en sens opposé, en sorte que les chances de collision ne sont pas diminuées. En fin de compte, les perturbations solaires ont eu pour effet de hâter la formation du globe lunaire.

Ce globe secondaire doit son importance exceptionnelle, d'abord à ce qu'il est composé de molécules animées primitivement de mouvements circulaires — celles-ci étaient nombreuses à l'intérieur du globe terrestre qui avait pris naissance sous une influence directe très prononcée ([1]); — il s'est accru ensuite aux dépens des matériaux ambiants ; sa formation hâtive lui a permis de disputer au noyau central une certaine quantité de matière planétaire.

A peine séparée du globe terrestre, la Lune a porté, à son tour, le trouble dans la circulation des matériaux à l'intérieur de ce globe. La Terre se trouvait, au moment de cette séparation, en pleine période rétrograde, et le désordre régnait dans les mouvements de ses molécules que les nouvelles venues cherchaient à dévier de leur direction première. Les perturbations luni-solaires venaient accroître la confusion en déformant les orbites de tous ceux des éléments dont la circulation était encore à peu près libre et en étirant dans une direction mobile le noyau fluide plus condensé qui se dessinait au centre. Il est facile de comprendre que, dans ces conditions, il n'ait pu se former aucun autre satellite entre la Lune et

---

(1) Rappelons ce qui a été dit au chapitre VII (Inclinaison des axes des planètes, fig. 33) : Dans les régions centrales où s'est formée la Terre, l'influence directe a d'abord augmenté beaucoup avant de passer au sens rétrograde. Le globe terrestre a dû prendre naissance dans les derniers temps de la période directe, vers l'époque de l'influence maximum.

la Terre. Tous les petits amas formés à l'intérieur du globe, perpétuellement arrêtés dans leur marche, ont été englobés par la planète.

En définitive, la grande masse de la Lune est due à ce que :

1º la formation de la plus grande partie du globe terrestre remonte aux derniers temps de la période directe, alors que la vitesse de circulation des amas augmentait beaucoup avec la distance ;

2º les perturbations solaires ont activé la réunion excentrique des matériaux disposés en anneaux à l'intérieur du globe (1).

L'isolement de la Lune s'explique, par sa masse d'abord, et aussi par les troubles résultant des actions luni-solaires combinées avec l'influence rétrograde.

Système de Mars. — Ce petit système témoigne par son exiguïté du peu d'ancienneté de la planète. Le globe de Mars, formé tardivement, n'avait encore qu'un volume restreint à la fin de la période directe. La plupart des amas, étant venus se réunir pendant la période rétrograde, n'ont pas engendré d'anneaux circulaires dans le plan de l'équateur ; et s'ils n'ont pas occasionné une déviation plus grande de l'axe du globe, c'est grâce à leur rotation rapide qui a compensé, dans une certaine mesure, la tendance rétrograde de leur circulation. Les germes de satellites n'ont pu prendre naissance que dans les régions très voisines du centre,

---

(1) Nous retrouvons sous une autre forme l'hypothèse de Laplace qui attribuait l'existence de la Lune à un fragment détaché du globe terrestre pendant une forte marée.

avant que le trouble ait commencé à se mettre à l'intérieur du globe. En revanche, cette position centrale leur a permis d'accompagner entièrement l'équateur dans sa déviation de 25°.

On dira peut-être que lorsque les satellites étaient encore emprisonnés à l'intérieur du globe, ils se trouvaient plus éloignés et plus nombreux qu'aujourd'hui ; quelques-uns ont dû tomber sur leur planète dans le mouvement qui les a tous rapprochés d'elle. Ils ont suivi en cela la loi commune à tous les systèmes. Il faut donc juger par comparaison. Or, le système de Mars, composé de deux satellites qui circulent à des distances du centre respectivement égales à 2,77 et à 6,92, a des dimensions absolues dix-sept fois moindres que le nôtre et quatre-vingts fois plus petites que celui de Jupiter. Il est de toute évidence que ces dimensions seraient incomparablement plus grandes si les circonstances initiales de la formation avaient été les mêmes pour les trois systèmes. Celui de Mars doit son peu d'étendue au retard qu'il a subi au début de son évolution.

Système de Vénus et de Mercure. — Les considérations qui précèdent ne laissent subsister aucun doute sur l'âge de Vénus et de Mercure. Ces planètes sont les plus jeunes de tout le système ; elles ne remontent pas au-delà des premiers temps de l'époque rétrograde. D'ailleurs, pour les planètes inférieures, l'ouverture de cette période a suivi de près le passage du bourrelet équatorial qui a déterminé la réunion en un seul globe des amas plus ou moins éparpillés sur le disque. Le globe, ainsi formé par un ensemble d'amas dont la rotation individuelle était contrariée par une tendance opposée et sans cesse grandissante due à leur circulation, n'avait aucune stabilité et ne pouvait contenir aucun germe de satellites. L'attraction solaire, agissant sur ces globes désorientés, dont l'axe paraissait chercher sa position d'équilibre, a dû ramener leur mouvement à une rotation de même sens et peut-être de même durée que la révolution.

CHAPITRE IX

—

COMÈTES

Origine des comètes ; impossibilité de les exclure de la formation du système solaire. — Essaims d'étoiles filantes ; explications données par M. Schiaparelli. — Nuages cosmiques ; provenance de ces nuages. — Mouvement des comètes ; transformation d'une orbite circulaire en ellipse très allongée. — Comètes périodiques ; leur répartition dans le système solaire. — Variation des excentricités en fonction des distances aphélies. — Causes susceptibles de modifier l'orientation des grands axes des orbites. — Capture des comètes.

Les comètes ont été considérées pendant longtemps comme étrangères au système solaire. On en faisait des vagabondes de l'espace, errant de monde en monde, sans autre loi que celle de décrire des orbites paraboliques. La parabole semble être la trajectoire attitrée des comètes, comme autrefois la circonférence était celle des planètes. Cette opinion, absolument inconciliable avec le mouvement rapide de translation du système solaire, doit être abandonnée aujourd'hui. Si les comètes venaient des régions stellaires, elles auraient, en entrant dans la sphère d'attraction du Soleil, une vitesse relative suffisante pour décrire des hyperboles bien caractérisées. Or, c'est à peine si on connaît quelques comètes hyperboliques. Leurs trajectoires sont, pour la plupart, des ellipses très allongées qui se confondent avec des paraboles dans la partie voisine du Soleil, la seule que nous puissions observer.

Il n'est donc plus possible d'éliminer les comètes du système solaire ainsi que l'a fait arbitrairement Laplace. Toute théorie cosmogonique appliquée à notre monde doit rendre compte de l'existence et du mouvement particulier des comètes ou des étoiles filantes, au même titre que de la formation des planètes et de leurs satellites. Les recherches des astronomes, celles de M. Schiaparelli notamment, démontrent qu'il y a une relation intime entre les comètes et les étoiles filantes. Celles-ci sont apparemment des débris de comètes dispersées sur la route suivie autrefois, ou même encore aujourd'hui, par ces astres qui paraissent impuissants à défendre leurs domaines contre les attractions étrangères [1]. On ne saurait admettre qu'une multitude innombrable de corpuscules qui se meuvent à la file le long d'une même orbite n'aient pas une origine commune; la supposition la plus vraisemblable est qu'ils proviennent de la dissémination totale ou partielle de nuages cosmiques ressemblant à des comètes, supposition confirmée d'ailleurs par des faits analogues qui se sont passés sous nos yeux.

Imaginons qu'il existe, loin du Soleil, à une distance où l'attraction de cet astre, bien que très diminuée, l'emporte encore sur celle des astres voisins, un nuage de poussière cosmique animé d'une vitesse

---

[1] Discours de M. Tisserand à la séance générale annuelle de la Société Astronomique de France (11 avril 1894).

relative inférieure à 2 mètres par seconde dans une direction perpendiculaire au rayon vecteur. Chaque particule du nuage décrira, en vertu de sa faible vitesse combinée avec l'attraction solaire, une ellipse très allongée dont la partie voisine du Soleil pourra se confondre aisément avec un arc de parabole. Si les particules n'ont entre elles aucune cohésion, leur mouvement individuel, différent pour chacune d'elles, les dispersera sur leur trajectoire, et les lois de la mécanique démontrent qu'un nuage de forme sphérique peut se transformer, dans certains cas, en un anneau mince occupant toute la longueur de l'orbite.

Telle est l'explication donnée par M. Schiaparelli des essaims d'étoiles filantes que la Terre traverse tous les ans; elle a besoin d'être complétée par une indication d'origine pour ces nuages cosmiques qui entrent tout à coup dans la sphère d'activité du Soleil sans que l'on sache d'où ils viennent. Ce ne sont pas des transfuges d'un système voisin; la lenteur de leur mouvement relatif (2 mètres par seconde) rend cette supposition inadmissible. M. Faye fait justement remarquer à propos des comètes ([1]) que dans la partie de leur orbite où ces astres n'ont plus qu'une vitesse insignifiante par rapport au Soleil, elles n'en possèdent pas moins l'énorme vitesse absolue de 15 kilomètres par seconde avec laquelle le système tout entier se meut vers la constellation d'Hercule. On peut répéter ici le raisonnement déjà fait pour les essaims d'étoiles filantes, et dire qu'il est impossible que des astres (le Soleil et les comè-

---

([1]) *Sur l'Origine du Monde*, p. 169.

tes) qui sont emportés à travers l'espace dans une direction et avec une vitesse communes n'aient pas la même origine. Tel est aussi le cas de ces nuages cosmiques dépourvus de toute cohésion qui, n'ayant à l'extrémité de leur orbite qu'une vitesse relative inférieure à 2 mètres par seconde, participent nécessairement à la translation rapide du système.

Ainsi, comètes et étoiles filantes doivent être considérées comme ayant toujours fait partie intégrante du système solaire ; il s'agit seulement d'expliquer l'existence antérieure de ces nuages cosmiques, qui ont pu, suivant leur degré de cohésion, conserver une forme à peu près ronde (¹), ou s'éparpiller en filaments le long de leur trajectoire. Il faut montrer aussi pourquoi la plupart de ces trajectoires sont des ellipses tellement allongées qu'on peut les confondre avec des paraboles ; car on ne voit pas, *à priori*, la cause pour laquelle les comètes, qui ont fait partie de la nébuleuse solaire, s'éloignent encore à d'aussi grandes distances du Soleil, alors que tous les autres matériaux se sont plus ou moins rapprochés du centre.

Le lecteur se souvient, sans doute, qu'à l'origine, avant que la nébuleuse ait pris une figure très aplatie, il s'était formé, un peu partout à son intérieur, des amas entre molécules voisines animées de mouvements circulaires. Ceux des amas qui s'écartaient peu du plan de l'équateur ont pu se réunir entre eux et donner naissance à des agglomérations de matière

---

(1) Les comètes, loin du Soleil, ont l'apparence d'une petite nébuleuse ronde.

de masse considérable appelées planètes. La réunion n'a pu avoir lieu pour les amas dont les orbites, trop inclinées sur l'équateur, ont été entraînées dans la déformation de la nébuleuse ; mais quelques-uns ont continué à s'accroître, malgré ces déformations, pendant la période où la pesanteur augmentait avec la distance.

En effet, de même qu'un nuage de poussière cosmique abandonné dans le vide, peut s'étirer presque indéfiniment sous l'action d'un astre attirant, parce que la pesanteur, variant en raison inverse du carré des distances, agit plus fortement sur les molécules les plus rapprochées et leur fait prendre de l'avance sur les autres ; inversement, dans un milieu où la pesanteur augmente avec la distance, les molécules les plus éloignées, étant plus fortement attirées, peuvent rejoindre et quelquefois même dépasser celles qui les précèdent. Dans ce cas, contrairement à ce qui se passe dans le vide, il y a tendance à l'agglomération pour les matériaux déjà suffisamment voisins les uns des autres.

Ainsi, dans les premiers temps de la concentration de la nébuleuse, les amas situés hors du plan de l'équateur ont été simplement dispersés, mais non désagrégés. Ceux qui avaient pu acquérir assez de cohésion pour résister ensuite à l'action dissolvante de l'attraction solaire nous apparaissent aujourd'hui sous le nom de comètes ; les autres forment les essaims d'étoiles filantes.

On s'étonnera peut-être que des agglomérations de molécules qui suivaient dans le principe des trajectoires presque circulaires puissent se trouver aujourd'hui sur des ellipses aussi excentriques ; mais il ne faut pas perdre de vue que la concentration de toute la masse a été accompagnée d'un aplatissement général des orbites. Celles-ci se sont progressivement excentrées de manière que leur foyer s'est trouvé à la fin au point où était primitivement leur centre ; et il est logique d'admettre que, si l'immense majorité des matériaux de la nébuleuse a été englobée par le Soleil, les seuls qui aient pu échapper à cette absorption soient précisément ceux qui, décrivant à l'origine des trajectoires très ouvertes, ont dû se maintenir plus longtemps en dehors des régions centrales. Il paraît certain que les amas qui ont été formés sur des ellipses très aplaties, dès le début, ont fini par s'incorporer au Soleil naissant, puisqu'ils ont traversé deux fois au cours de chaque révolution les couches intérieures les plus denses et les plus agitées de la nébuleuse. Enfin, il est à noter qu'en vertu du principe de la conservation des aires [1], une ellipse qui se décentre en s'aplatissant a une tendance à s'allonger ; c'est-à-dire que le mobile qui la parcourt s'éloigne de plus en plus du centre sur un côté de sa trajectoire alors qu'il s'en rapproche de l'autre. Cette tendance aurait fait sortir les comètes de la sphère d'attraction du Soleil, si elle n'avait été combattue par l'accroissement de pesanteur et la résistance au mouvement à l'intérieur de la masse chaotique en voie de condensation. Elle suffit donc à expli-

---

[1] Ce principe n'est rigoureux que dans le cas d'une force centrale et abstraction faite de toute résistance au mouvement.

quer pourquoi les comètes décrivent des trajectoires aussi allongées, d'apparence parabolique.

Il existe cependant quelques comètes dont les distances aphélies ont pu être mesurées et que, pour cette raison on nomme périodiques ; ce sont celles qui proviennent d'amas formés dans les régions inférieures de la nébuleuse. Leur nombre est assez restreint, mais leur étude est des plus intéressantes et fournit des indications certaines sur l'origine de ces astres. Nous avons tracé, d'après l'*Annuaire du Bureau des Longitudes,* un tableau qui permet d'en faire la classification raisonnée (fig. 45).

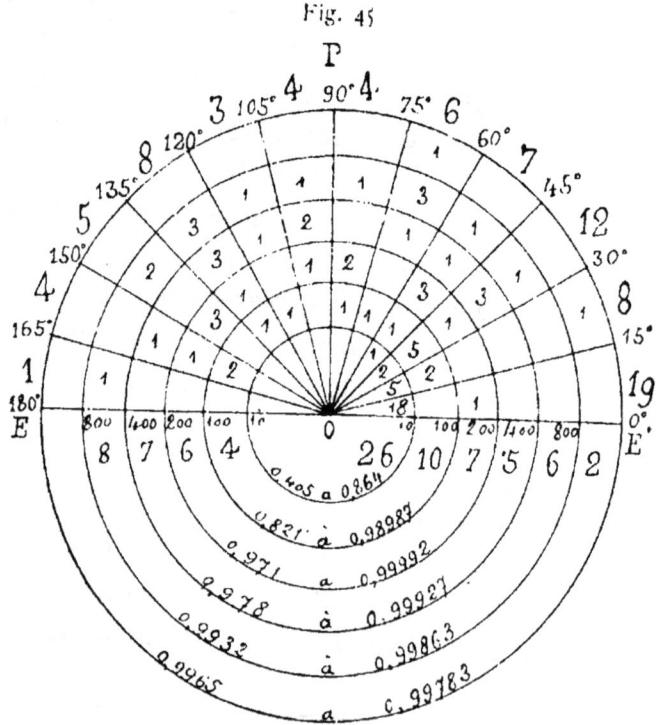

Fig. 45

La ligne EE' représente la trace du plan de l'écliptique supposé perpendiculaire au plan du papier.

Le demi-cercle OEPE' est divisé :

1° en douze secteurs, de 15 degrés chacun, par des rayons issus du point O où est supposé le Soleil ;

2° en six zones au moyen de circonférences concentriques aboutissant aux points marqués 10, 100... 800 sur la ligne EOE'.

Les chiffres 15°, 30°... 180°, qu'on lit autour de la circonférence extérieure, aux extrémités des rayons, indiquent les inclinaisons à l'écliptique de chacun de ces rayons.

Les chiffres 10, 100... 800, situés au-dessous de la ligne EOE', correspondent aux distances aphélies des comètes, mesurées en rayons de l'orbite terrestre.

Les chiffres moyens, 1, 2, 3, 5, 18, placés dans les cases formées par le croisement des circonférences et des rayons, indiquent le nombre de comètes dont l'orbite fait avec l'écliptique un angle compris entre les deux angles des rayons extrêmes et dont l'aphélie est à une distance intermédiaire entre les limites de la zone.

Les chiffres plus gros, 19, 8... 4, 1, répartis autour de la circonférence extérieure, font ressortir le nombre total de comètes comprises dans chaque secteur. Des chiffres semblables, placés au-dessous de la ligne EOE', servent de même à totaliser les comètes dont l'aphélie se trouve dans chacune des demi-zones directes ou rétrogrades.

Enfin, les nombres tels que 0,405 à 0,864... etc., disposés circulairement en dessous de la ligne EOE', donnent les limites des excentricités des comètes appartenant par leur aphélie à la zone correspondante.

De l'examen de ce tableau, il ressort tout d'abord

qu'aucune comète à courte période ne circule dans le secteur rétrograde qui touche à l'écliptique et dont les limites sont 165° et 180°. Dans le secteur symétrique du côté direct, il n'y en a qu'une seule dont l'aphélie soit supérieur à 10, et encore elle est à la limite de son secteur ; c'est la comète 1854 V de Colla qui a une inclinaison de 14°9′. Toutes les autres ont des distances aphélies inférieures à 10, et des excentricités assez faibles, comprises entre 0,405 et 0,864, mais dépassant rarement 0,75. Cela se conçoit aisément, puisque la partie centrale de ce secteur était balayée par les amas du disque équatorial qui ne laissaient subsister que les mouvements circulaires et de sens direct. La plupart de ces comètes appartiennent à la famille de Jupiter et circulent dans cette région à peu près vide qui s'étend jusqu'à la Terre ; elles doivent être considérées comme les débris d'une planète manquée, au même titre que les petites planètes. Comme pour celles-ci, leur nombre décroît rapidement à mesure qu'on s'éloigne de l'écliptique ; il est de 18 au-dessous de 15°, de 5 seulement entre 15° et 30°, descend à 2 pour des inclinaisons voisines de 31° et tombe à 1 pour l'inclinaison maximum de 45°7′. Rien de semblable ne s'observe pour les véritables comètes, périodiques ou non, dont l'aphélie est supérieur à 10. Le nombre des premières augmente au contraire depuis l'écliptique jusqu'à l'inclinaison de 45°, il diminue ensuite jusqu'à 90°. Toutefois, il est trop faible pour que l'on puisse en déduire une loi rigoureuse. Mais si l'on prend un catalogue général de toutes les comètes, abstraction faite de celles dont l'aphélie est inférieur à 10, on voit que leur nombre augmente avec l'inclinaison jusqu'à l'angle de 45° environ et qu'ensuite il reste à peu près stationnaire. Or, cela nous paraît être la conséquence naturelle de la théorie que nous venons d'exposer. Que faut-il pour qu'un amas de matière diffuse pris au sein de la nébuleuse devienne une comète visible pour nous ? Il faut évidemment que sa trajectoire, d'abord très ouverte, se transforme finalement en une ellipse assez excentrique et aplatie pour que le périhélie soit tout près du Soleil. L'existence des comètes ne nous est révélée que par leur court passage dans la partie de la trajectoire qui est suffisamment rapprochée de cet astre. Or, nous avons vu, au début de cette étude, qu'à l'origine il s'est formé des amas un peu partout à l'intérieur de la nébuleuse, mais surtout dans les régions voisines de l'équateur. Parmi ceux des régions équatoriales, la plupart se sont rassemblés en globes planétaires ; quelques autres sont demeurés sur des orbites trop ouvertes pour s'approcher beaucoup du Soleil ; un très petit nombre ont pu devenir visibles. Seuls les amas qui, dans leur course oblique, s'écartaient un peu de l'équateur, ont vu leur orbite s'aplatir presque indéfiniment ; leur chance de visibilité, étant plus grande, rachète amplement l'infériorité de leur nombre.

La comparaison des chiffres du tableau montre encore que les excentricités minima des comètes périodiques vont en augmentant avec la distance aphélie depuis 0,405 jusqu'à 0,9965, tandis que les excentricités maxima croissent d'abord jusqu'à une distance comprise entre 100 et 200, et vont ensuite en décroissant régulièrement avec la distance.

L'augmentation continue des excentricités minima

s'explique tout naturellement par la raison que les comètes ne sont visibles que dans la partie de leur orbite qui avoisine le Soleil. Toutes celles dont la distance périhélie est au-dessus d'une certaine limite sont pour nous comme si elles n'existaient pas. Or, il est bien clair que celles qui ne s'approchent du Soleil que jusqu'à la limite de visibilité doivent avoir des orbites d'autant plus excentriques que leur aphélie est plus éloigné.

Mais la variation bizarre des excentricités maxima qui croissent très rapidement jusqu'à la distance 131 (Comète de 1843, I), pour décroître ensuite d'une façon régulière jusqu'à la plus grande distance mesurée, 823 (Comète de 1849, III), semble tout à fait en opposition avec l'idée que l'on se fait des comètes dont les trajectoires devraient se rapprocher d'autant plus de la parabole qu'elles s'éloignent davantage du Soleil. D'après les chiffres du tableau, il semble que plus les ellipses s'allongent et plus les limites de leur excentricité se resserrent autour d'une moyenne voisine de 0,9975.

Cette variation des excentricités maxima est facile à expliquer dans notre théorie. Représentons-nous les amas qui se meuvent à l'origine sur des cercles concentriques à l'intérieur du lambeau, et suivons la marche de ceux qui, dans chaque couche sphérique très mince, ont leur orbite le plus aplatie. Dans les couches supérieures, la déformation sera moindre que dans les couches centrales où les variations de pesanteur sont beaucoup plus accentuées; les amas de ces dernières resteront, en outre, plus longtemps emprisonnés à l'intérieur de la nébuleuse. La résistance opposée à leur mouvement dans le voisinage de leur péricentre où la pesanteur et la densité ne cessent d'augmenter les fera se rapprocher d'autant plus du Soleil naissant que le rayon initial de leur cercle aura été plus petit, jusqu'à une limite au dessous de laquelle ils tomberont sur cet astre. Jusque-là les excentricités maxima des orbites croîtront de l'extérieur au centre, si la distance périhélie diminue plus vite que la distance aphélie ; ce qui semble assez naturel à cause de l'augmentation croissante de pesanteur et de résistance au voisinage du péricentre. Les amas des couches intérieures à celle pour laquelle la déformation de l'orbite amène la chute sur le Soleil ne pourront jamais s'approcher aussi près de cet astre sans y tomber eux-mêmes ; et, comme leur vitesse aréolaire initiale est d'autant moindre que le rayon de leur cercle est plus petit, la chute arrivera pour eux à des distances périhélies de plus en plus grandes. Les seuls qui resteront pour former des comètes seront donc ceux qui s'approcheront d'autant moins du Soleil qu'ils viendront d'un cercle plus petit, et les excentricités maxima de leurs orbites décroîtront à la fois par la diminution de leur distance aphélie et l'augmentation de leur distance périhélie. Nous retrouvons ainsi exactement la loi de variation du tableau : croissance rapide des excentricités maxima depuis le centre jusqu'à une certaine limite, au-delà de laquelle il se produit une diminution lente ([1]).

([1]) Si on désigne par :

r, le rayon primitif d'une orbite cométaire,

R, celui du lambeau chaotique à l'origine,

a, le grand axe de l'ellipse provenant de la déformation de l'orbite de rayon r.

Une objection, qui paraît capitale au premier abord, se présente, sans doute, à l'esprit du lecteur. S'il est vrai que les orbites des comètes proviennent d'un aplatissement presque indéfini de cercles de rayon immense, comme il a été prouvé au commencement de cette étude que l'allongement a lieu uniformément pour toutes les orbites moléculaires dans le plan de l'équateur de la nébuleuse, aujourd'hui ces comètes devraient avoir leur aphélie à peu près dans le plan de l'écliptique, sur la ligne des nœuds. En un mot, les grands axes devraient tous être dirigés dans le plan de symétrie du système. Or, on n'observe rien de semblable, et la direction de ces axes fait souvent un angle considérable avec le plan de symétrie.

La réponse à cette objection est facile : la démonstration relative à la déformation des orbites ne s'applique qu'au cas où les molécules se meuvent toujours à l'intérieur de la nébuleuse ; mais si pour une cause quelconque elles viennent à en sortir et à y rentrer momentanément, elles subissent une déviation plus ou moins grande dans leur parcours à l'intérieur et sortent dans

---

e, l'excentricité de cette ellipse ;

L'application du principe de la conservation des aires donne la relation suivante :
$$a(1-e^2) = \frac{r^4}{R^3},$$
ou,
$$e^2 = 1 - \frac{r}{a} \times \frac{r^3}{R^3}.$$

Le dernier terme de cette égalité peut diminuer indéfiniment avec le rayon r de l'orbite primitive. L'excentricité maxima tend vers l'unité à mesure que la comète provient de cercles plus petits jusqu'à une limite pour laquelle, la distance périhélie devenant trop faible, la comète tombe sur le Soleil.

une direction toute différente de celle qu'elles avaient auparavant.

Si, par exemple, un mobile M se meut dans le vide sur une orbite elliptique et pénètre en B dans un milieu résistant de forme sphérique (fig. 46), il n'en sortira pas

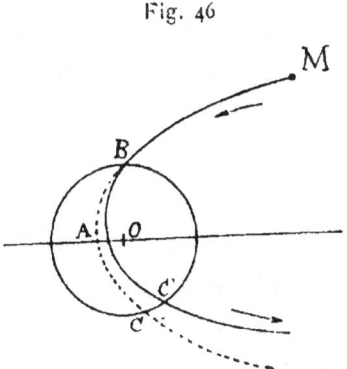

Fig. 46

au point C symétrique de B par rapport au diamètre AO, mais il décrira une courbe BA'C' plus rentrante que BAC et ira sortir en un point C' situé plus en avant que C. L'axe de la nouvelle ellipse qu'il décrira, après son émersion, aura tourné lui-même dans le sens du mouvement orbital.

C'est une opinion courante, parmi certains astronomes, que les comètes périodiques ont été déviées d'une orbite parabolique et capturées par les planètes. Et de fait, beaucoup d'aphélies de comètes se trouvent près de l'orbite de Jupiter (nous savons maintenant pourquoi), de Saturne, d'Uranus et de Neptune; d'autres semblent groupés à des distances de plus en plus grandes, ce qui fait soupçonner l'existence de planètes ultra-Neptuniennes à ces mêmes distances. Cette hypothèse semble donc assez plausible. Cependant, si on calcule la probabilité pour qu'une comète, venant de l'infini et traversant seulement une fois le système solaire au cours de sa vie astrale, puisse passer assez près d'une planète pour être arrêtée dans sa marche et capturée par elle, on doit trouver qu'elle est bien faible. Comment se fait-il donc que le nombre des comètes périodiques soit relativement aussi grand ? Cette remarque nous paraît enlever beaucoup de vraisemblance à l'hypothèse.

L'invraisemblance disparaît totalement si on admet notre théorie. On voit d'abord que les comètes doivent, comme les autres éléments du système solaire, décrire des courbes fermées, ce qui augmente les chances d'une rencontre, d'autant plus que la période de leur révolution est plus courte. Ainsi les comètes qui ont le plus de chances d'être capturées sont celles qui proviennent des amas intérieurs. Il semble même difficile qu'une petite masse qui se meut à l'intérieur de la nébuleuse puisse résister à l'influence de la matière amassée dans le disque équatorial ; et c'est évidemment vers les points où cette matière est le plus condensée, c'est-à-dire, là où il se forme ce que nous avons appelé un bourrelet, que se portent ces petits amas auxquels l'attraction centrale, encore très faible, ne peut imprimer qu'une direction incertaine. Entendue ainsi, la capture des comètes par les planètes est un événement plus que probable, il est inévitable.

CHAPITRE X

CONCORDANCES GÉOLOGIQUES

Calcul de la chaleur développée par la Terre dans sa formation. — Tableau des périodes géologiques. — Explication du phénomène paléothermal.

Jusqu'à ce jour aucune théorie cosmogonique n'a pu satisfaire l'avidité des géologues, suivant la pittoresque expression de M. Wolf, celle de Laplace moins que toute autre [1]. M. Faye a calculé la chaleur d'origine du globe terrestre en supposant que les matériaux, disséminés dans un espace 200 à 250 fois plus grand qu'aujourd'hui, se sont réunis par leur propre attraction. Il a trouvé ainsi près de 9 000 calories par kilogramme de matière. Cette chaleur a suffi pour entretenir la température du globe à 20 degrés environ pendant 15 millions d'années de l'époque primaire, pour fournir à la déperdition qui répond aux autres

---

[1] Quelques personnes croient pouvoir trouver, dans la condensation progressive de la nébuleuse solaire, la source, sans cesse renouvelée, de la chaleur dépensée pendant les périodes géologiques. Mais il a été dit, au Chapitre 1er (page 8, note 1), que, dans l'hypothèse de Laplace, cette condensation aurait été déjà très avancée à l'époque de la formation de Neptune.

époques géologiques beaucoup moins longues et pour maintenir à l'état de fusion plus ou moins visqueuse le noyau métallique de la Terre (¹). Au dire de M. Wolf, cela ne satisfait point les géologues qui réclament au moins 100 millions d'années ; et encore il n'est pas tenu compte dans ce calcul de la chaleur perdue avant les périodes géologiques proprement dites, dans le temps qui a précédé la formation de la croûte superficielle.

Aussi, n'est-ce pas dans la concentration de sa masse qu'il faut chercher la principale source de la chaleur de formation de la Terre, il faut la demander aux chocs qui ont provoqué la chute de tous ses matériaux vers le centre du disque équatorial. Ces matériaux circulaient à l'origine à d'énormes distances du centre, au delà de l'orbite de Neptune (²) ; ils se trouvent rassemblés aujourd'hui sur une orbite très rapprochée du Soleil. Or, une petite masse, venant de très loin attirée par le Soleil, aurait acquis en arrivant à hauteur de l'orbite de la Terre une force vive double de celle qu'une masse égale, prise sur la Terre, possède dans son mouvement annuel autour de ce même Soleil.

En voici la démonstration mathématique :

Appelons r le rayon de l'orbite de la Terre,

g l'attraction solaire à la distance r,

j la même attraction à la distance x,

---

(1) Faye, *Sur l'Origine du Monde*, p. 285.

(2) La Terre et les planètes inférieures Vénus, Mercure, paraissent formées de matériaux denses. Ceux-ci, confondus à l'origine avec les substances plus légères jusqu'aux régions extérieures du lambeau chaotique, sont venus se rassembler auprès du centre ; les plus éloignés ont parcouru ainsi presque le rayon entier du lambeau.

Nous aurons
$$j = \frac{gr^2}{x^2}.$$

D'après le théorème des forces vives, une masse m partant sans vitesse initiale de la distance x, sous l'impulsion de la force j, aura acquis en arrivant à la distance r une force vive représentée par

$$\frac{mV^2}{2} = -\int_x^r mj\,dx,^{(1)}$$

ou

$$\frac{mV^2}{2} = -mgr^2 \int_x^r \frac{dx}{x^2} = mgr^2\left(\frac{1}{r} - \frac{1}{x}\right).$$

x étant supposé très grand, il reste simplement

$$V^2 = 2gr,$$

tandis que le mouvement de la Terre sur son orbite donne
$$v^2 = gr.$$

Ainsi, la Terre possède dans son mouvement annuel une force vive égale seulement à la moitié de celle qu'auraient dû prendre ses matériaux en venant de très loin se rassembler sur son orbite.

Qu'est devenue l'autre moitié ?

---

(1) Avec le signe —, puisque x diminue quand la masse m tombe vers le Soleil ; alors dx est négatif.

On dira peut-être qu'à l'époque de la formation de la Terre, une partie de la masse chaotique se trouvant en dehors de son orbite, la pesanteur interne qui précipitait tous les matériaux vers le centre était moindre que n'est aujourd'hui l'attraction solaire. Cela est vrai, surtout au commencement de la formation. Mais la Terre a continué à s'accroître jusqu'au moment où cette masse tout entière est passée à l'intérieur de son orbite, et la pesanteur interne, très faible à l'origine, est devenue vers la fin égale à l'attraction solaire. La force vive perdue est donc moindre que l'indique le calcul précédent. Néanmoins elle est considérable. Nous en connaissons le maximum, nous allons en chercher le minimum.

Appelons u la vitesse variable des amas, projetée perpendiculairement au rayon vecteur, et v la vitesse actuelle de la Terre sur son orbite,

$$v = 30\ 000 \text{ mètres}.$$

La vitesse u, très faible à l'origine, n'a cessé de croître au cours de la formation, jusqu'à sa limite v, à mesure que les amas se rapprochaient du centre, en décrivant leur orbite spiraloïde. Les amas, en se heurtant les uns aux autres, avec cette vitesse u, ont perdu une somme de force vive que l'on pourrait calculer exactement si on connaissait la loi d'après laquelle ont varié, à la fois, et la vitesse et le nombre des chocs. Or, il paraît certain qu'à l'origine, quand la matière était très disséminée et la vitesse faible, les chocs étaient fort rares ; ils sont devenus fréquents vers la fin, alors que la matière était plus condensée et la vitesse plus grande. La plupart des chocs ont dû se produire quand la vitesse avait déjà dépassé la moyenne ; ou, si l'on veut, la vitesse des amas a augmenté plus vite que le nombre des chocs. On obtiendra donc le minimum de force vive perdue en supposant que la vitesse et le nombre des chocs ont augmenté parallèlement. Dans ce cas, quelle que soit la variation de vitesse en fonction du temps, le calcul peut se faire en supposant que cette variation suivait une marche uniforme

$$du = K dt\,(^1),$$

K étant une constante.

D'où,

$$u = Kt,$$

en négligeant la faible vitesse initiale des amas.

Si on prend pour unité de temps la durée de la formation on aura

$$K = v = 30\,000 \text{ mètres},$$

vitesse actuelle de la Terre sur son orbite.

La force vive moyenne d'un amas de masse m, comptée perpendiculairement au rayon vecteur, s'obtiendra en intégrant l'expression

$$\int_0^1 \frac{mu^2}{2} dt = \frac{mv^2}{2} \int_0^1 t^2 dt = \frac{mv^2}{6}.$$

Cette force vive a presque entièrement disparu dans les chocs. En effet, une masse m, qui circulait avec une

---

(1) Cela revient à appeler dt le temps écoulé entre deux chocs successifs.

vitesse dont la projection sur la perpendiculaire au rayon vecteur était mesurée par u, a rencontré une autre masse n venant en sens inverse avec la même vitesse projetée. Ces deux masses en ont formé une troisième dont la vitesse projetée après le choc était seulement

$$\frac{m-n}{m+n}u,$$

et la force vive

$$\left(\frac{m+n}{2}\right)\left(\frac{m-n}{m+n}\right)^2 u^2\ ;$$

tandis qu'avant le choc, les deux premières masses avaient une somme de force vive égale à

$$\frac{m+n}{2}u^2.$$

Le rapport

$$\left(\frac{m-n}{m+n}\right)^2$$

des deux forces vives, avant et après le choc, est très voisin de zéro, puisqu'à l'origine, les deux circulations de sens contraire se compensaient à peu près ([1]).

([1]) La vitesse perdue dans les chocs se regagne incessamment par la chute des amas vers le centre. Ainsi la Terre a perdu dans sa formation une force vive supérieure à

$$\frac{mv^2}{6},$$

celle qu'elle possède actuellement est

$$\frac{mv^2}{2},$$

la force vive totale due à la formation est donc comprise entre

$$\frac{2}{3}mv^2 \text{ et } mv^2.$$

On peut donc prendre le nombre

$$\frac{mv^2}{6}$$

comme minimum de la force vive détruite pendant la formation, d'autant mieux qu'à l'origine, la vitesse des amas n'est pas tout à fait nulle et qu'à la fin la Terre est bombardée par les matériaux qui tombent sur le Soleil avec une vitesse égale non pas à v, mais à

$$v\sqrt{2}.$$

Pour un kilogramme de matière, dont la masse est $\frac{1}{9,8}$, la force vive transformée en chaleur s'obtiendra en divisant le nombre

$$\frac{mv^2}{6} = \frac{1}{9,8} \times \frac{\overline{30\,000}^2}{6}$$

par l'équivalent mécanique de la chaleur, 425 kgm ; ce qui donne un peu plus de

$$36\,000^{cal},$$

auxquelles il faut ajouter près de

$$9\,000^{cal},$$

produites par la concentration de la masse.

On arrive ainsi au total de

$$45\,000^{cal}.$$

Ce chiffre est un petit minimum, car il ne comprend pas l'énorme quantité de chaleur engendrée par la force vive anéantie dans la rotation. Vers la fin de la période directe, qui a été très longue et surtout très prononcée pour les planètes inférieures, la Terre avait une grande vitesse sur son axe ; elle en a perdu la plus grande partie pendant la période rétrograde, soit par les chocs des amas, soit par l'action des marées luni-solaires. La Lune qui s'est détachée de la Terre au cours de cette période et la nébuleuse solaire, dont la plus grande partie de la masse était passée à l'intérieur de l'orbite de la Terre, ont certainement exercé une influence retardatrice considérable sur la rotation du globe.

Laissons de côté cette dernière source de chaleur qu'il est impossible de calculer. Admettons même qu'au début des périodes géologiques, à la formation de la croûte superficielle, la provision par kilogramme de matière soit descendue à

$$30\,000^{\text{cal}}.$$

Retranchons enfin

$$3\,000^{\text{cal}},$$

nécessaires pour maintenir à l'état de fusion le noyau métallique de la Terre ; il reste encore

$$27\,000^{\text{cal}},$$

à dépenser pour les périodes géologiques.

D'après une estimation faite très largement par M. Faye, une déperdition de 360^{cal} par kilogramme de matière aurait suffi pour maintenir la température du globe à 20 degrés pendant un million d'années. La provision de chaleur conservée par la Terre au début de l'époque primaire aurait donc pu entretenir cette température pendant

$$\frac{27\,000}{360} = 75 \text{ millions d'années}.$$

Mais ce chiffre de 20°, pris comme base dans l'évaluation de la chaleur cédée à l'enveloppe extérieure solide par le noyau intérieur liquide, n'a rien d'absolu. A l'origine des temps primaires, la température était sans doute plus élevée sans que la déperdition fût plus grande. Puis, à mesure que la croûte s'est épaissie et que l'atmosphère s'est purifiée, l'afflux de la chaleur interne a diminué et la déperdition s'est accrue par rayonnement. En revanche, le soleil en formation a fourni un apport qui a été grandissant jusqu'à son achèvement complet, et on sait qu'aujourd'hui ce sont les radiations solaires qui influent à peu près seules sur la température extérieure du globe. Il serait téméraire de vouloir définir la part qui revient à chacune de ces deux sources de calorique dans l'explication du phénomène paléothermal. Il est d'ailleurs impossible de savoir quelle était exactement la quantité de chaleur conservée par la Terre au moment de la formation de la première écorce solide. Les calculs précédents ont simplement pour objet de montrer que les géologues pourront puiser dans la chaleur d'origine du globe terrestre une provision suffisante pour faire remonter, s'ils le veulent, le début de l'époque primaire jusqu'à cent millions d'années et même au-delà.

D'après ce que nous savons maintenant sur la formation du système solaire, il est facile de reconstituer la succession des différentes phases que la Terre a traversées avant l'époque actuelle. Remontons, par la pensée, à la fin de la période rétrograde, alors que la Terre était à peu près dégagée de la nébuleuse solaire. La figure de cette nébuleuse s'est aplatie progressivement, et la plupart des matériaux, en convergeant vers le centre, se sont rassemblés de part et d'autre du plan de l'équateur. C'est dans ce plan, où se trouvent à la fois les maximums de densité, de chaleur et de lumière, que circulent toutes les planètes. Jupiter et Saturne, bien que formés antérieurement, ne sont pas encore éteints ; Vénus même, plus jeune que la Terre, et possédant une chaleur d'origine relativement considérable, émet sans doute une lumière propre. Au centre, le noyau du Soleil commence à se dessiner. De tous côtés convergent vers lui les matériaux de la nébuleuse, molécules isolées ou rassemblées en petites masses échauffées par les chocs antérieurs, véritable poussière cosmique lumineuse par elle-même ou faiblement éclairée par le rayonnement du petit noyau central et des globes planétaires incandescents.

La Terre circulait en se refroidissant lentement au milieu de cette poussière lumineuse et tiède, à peu près comme Mercure circule aujourd'hui à l'intérieur de la lumière zodiacale. La matière nébulaire était devenue trop rare pour opposer une résistance sensible au mouvement et pour dévier d'une façon appréciable l'axe de rotation, mais le rayonnement suffisait pour produire un faible éclairement sur toute la surface du globe. La chaleur interne s'échappait facilement à travers la croûte superficielle mince et se diffusait dans l'énorme atmosphère surchargée de vapeur d'eau qui arrêtait la déperdition. La température était uniforme, très élevée ; la lumière, au contraire, faible et diffuse. C'était le début de l'époque primaire.

Plus tard, la croûte s'est épaissie ; et comme la chaleur reçue de l'extérieur commençait à peine à se faire sentir, la température a un peu diminué. En revanche, la lumière rayonnnée par la nébuleuse a augmenté. Il est vrai qu'en se contractant, celle-ci a laissé la Terre tout à fait en dehors, mais sa surface apparente était encore assez grande pour éclairer plus d'un hémisphère à la fois. Nous sommes en pleine période primaire; la Terre n'éprouve plus dans son mouvement d'autres perturbations que celles qui peuvent résulter de l'action des marées luni-solaires et des changements de forme de la nébuleuse.

Puis la croûte solide continuant à s'épaissir, la température baisse encore, jusqu'à ce que le rayonnement croissant du Soleil vienne suppléer en partie au déficit de la chaleur interne. Les climats commencent alors à se dessiner ; la végétation n'est plus aussi exubérante, mais la vie animale se développe largement sous les rayons bienfaisants de l'astre central qui, pour les êtres vivants sur la Terre, devait ressembler à une immense étoile nébuleuse de forme lenticulaire : c'est la période secondaire.

Des millions d'années s'écoulent et le globe du Soleil arrive à son maximum de chaleur en se rapprochant de la forme sphérique qu'il atteint lorsque la condensation est assez avancée pour faire prendre à sa masse tout entière une consistance fluide. Une faible nébulosité, dont la lumière zodiacale est le dernier vestige, l'entoure encore ; toutes les planètes sont éteintes. Le noyau intérieur du globe terrestre ne joue plus qu'un rôle effacé dans la distribution de la chaleur superficielle ; c'est le Soleil qui, seul, entretient la vie sur la Terre en lui envoyant abondamment sa chaleur et sa lumière à travers l'atmosphère purifiée. A mesure que la Terre diminue de volume en se refroidissant et que la matière solaire se retire des régions équatoriales de la nébuleuse, les marées vont en décroissant et la Terre s'éloigne du Soleil (¹). Nous voilà arrivés à l'époque tertiaire qui précède l'ère actuelle.

La suite de ces transformations, dont la durée paraît comprise entre 25 et 100 millions d'années, s'explique tout naturellement dans notre hypothèse. La distribution de la chaleur et de la lumière pendant ces longues périodes est précisément celle que veulent les géologues. Cette évolution singulière, dans laquelle la lumière augmente tandis que la chaleur diminue, fait ressembler la Terre à une vaste serre que l'on aurait fortement chauffée pendant la nuit au moyen d'un puissant calorifère dont le feu baisserait au lever de l'aurore pour s'éteindre tout à fait vers le milieu du jour. Le Soleil remplace aujourd'hui pour nous le calorifère souterrain déjà presque éteint. Mais sa chaleur et sa lumière faibliront à leur tour. Viendra le soir, puis la nuit, et il n'y a pas apparence que le foyer soit jamais rallumé !

---

(1) C'est une conséquence mécanique du ralentissement de la rotation par les marées et de la diminution constante de la pesanteur dans le plan de l'équateur solaire. De même la Lune, après sa formation, s'est éloignée de la Terre.

CHAPITRE XI

CONFIRMATIONS TIRÉES DE L'ÉTUDE DU CIEL

Systèmes stellaires. — Étoiles doubles, étoiles multiples, amas d'étoiles. — Nébuleuses régulières, de forme ronde ou ovale. — Nébuleuses lenticulaires, nébuleuses perforées. — Nébuleuses annulaires et en spirale.

Les notions vagues et incomplètes que nous possédons sur les autres Mondes de l'Univers ne permettent pas de pousser la théorie beaucoup plus avant. On conçoit cependant qu'un lambeau chaotique de forme quelconque, composé de molécules animées de mouvements divers, puisse se résoudre en une ou plusieurs étoiles principales, entourées elles-mêmes de satellites secondaires. Quels qu'aient été les mouvements initiaux à l'intérieur du lambeau, le mouvement définitif du système sera toujours une translation accompagnée d'une circulation des étoiles autour de leur centre de gravité commun, circulation dans laquelle chaque étoile principale entraîne son cortége de satellites ; en outre, chacun de ces astres, petits ou grands, tournera dans un sens ou dans l'autre autour de son propre centre de gravité. Suivant que les mouvements initiaux à l'intérieur du lambeau générateur auront eu des directions plus ou moins rentrantes, on aura : soit une étoile unique, soit un système d'étoiles doubles ou multiples (¹), soit un amas d'étoiles.

Dans ce dernier cas, il est permis de croire que la formation à traversé les phases suivantes. D'abord une nébuleuse de forme assez régulière, à l'intérieur de laquelle un grand nombre de molécules possédaient dès le début, ou ont pu prendre par la suite, des mouvements circulaires. Ces molécules ont dû se réunir sous forme d'amas plus ou moins volumineux, et plus tard tous les amas qui circulaient sur une même circonférence ou sur des circonférences voisines à la rencontre les uns des autres se sont rassemblés en globes absolument comme les planètes. Seulement, au lieu de circuler dans un même plan autour d'un astre central beaucoup plus gros, ces milliers de soleils, qui ont tous à peu près même éclat et probablement aussi des masses comparables, se meuvent en tous sens autour d'un centre de gravité idéal. M. Faye fait remarquer, à ce propos, que s'ils sont répartis d'une façon sensiblement uniforme à l'intérieur d'une surface sphérique, la force centrale exercée par l'amas entier sur chaque soleil en particulier devient proportionnelle à la distance au centre ; alors les orbites de tous ces soleils sont des circonférences ou des ellipses concentriques à l'amas et parcourues dans le même temps. La stabilité du système paraît assurée. Mais si l'amas a une figure aplatie, les orbites ne sont plus des ellipses isochrones, ce sont des courbes de Lissajous dont l'aplatissement augmentera vraisemblablement à la suite des collisions internes.

---

(1) Chacune de ces étoiles peut avoir elle-même des satellites obscurs ou, du moins, invisibles.

Fig. 47

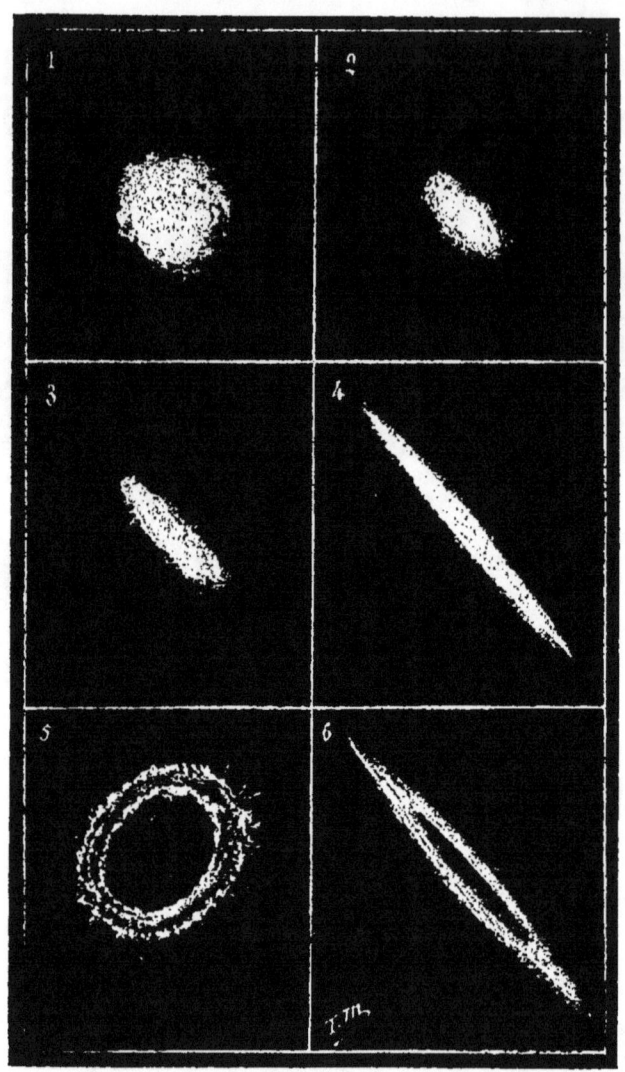

NÉBULEUSES DE FORME RÉGULIÈRE

1, 2, 3, 4, Nébuleuses de forme circulaire et ovale, d'après J. Herschel.
5, Nébuleuse annulaire de la Lyre, d'après lord Rosse.
6, Nébuleuse perforée voisine de γ d'Andromède (218 H.)

Avant d'aboutir à un système d'étoiles doubles ou multiples, chaque lambeau a subi une série de transformations et il est probable que dans cette immense profusion de Mondes qui constituent l'Univers, il s'en trouve quelques-uns qui traversent actuellement des périodes semblables à celles par lesquelles a passé notre propre Monde. Les figures régulières étant les plus stables, les lambeaux de formes diverses, auxquelles ont donné lieu les déchirures du chaos ont dû tendre plus ou moins vers la forme ronde, au besoin en se partageant eux-mêmes en plusieurs masses distinctes. La condensation a transformé progressivement quelques-unes de ces masses sphéroïdales en nébuleuses lenticulaires, et le ciel nous offre, en effet, une série de nébuleuses dont la figure varie suivant tous les degrés de l'échelle depuis le cercle jusqu'à l'ellipse très allongée (fig. 47, *1, 2, 3, 4*). Pour celles qui possédaient à l'origine un plan de symétrie, la réunion d'une partie des matériaux a eu lieu dans ce plan sous forme de disque plus lumineux que le reste de la masse. Mais comme la matière se trouve répartie d'une façon inégale à l'intérieur de ce disque, l'intensité lumineuse varie dans la même proportion, et son maximum correspond à la région annulaire du maximum de densité. La figure de la nébuleuse dépend alors de l'incidence suivant laquelle le disque équatorial s'offre à nos rayons visuels. Elle peut avoir l'aspect d'un fuseau étroit lorsque ce disque est vu par sa tranche (fig. 47, *4*), ou celle d'un anneau quand il se présente de face (fig. 47, *5*). Entre ces deux extrêmes, la nébuleuse a une forme elliptique plus ou moins aplatie avec perforation centrale (fig. 47, *6*).

Parmi les nébuleuses de forme ovale, il s'en trouve quelques-unes dont la condensation est assez avancée pour que le disque équatorial soit déjà partagé en anneaux irréguliers présentant ici et là des vides et des symptômes de condensation locale. C'est ainsi que nous

Fig. 48

NÉBULEUSE D'ANDROMÈDE
Dessin d'après une photographie de M. Isaac Roberts

apparaissent les nébuleuses de Pégase et du Lion et surtout la belle nébuleuse de la Ceinture d'Andromède, dont voici le dessin d'après une photographie obtenue par M. Isaac Roberts à son observatoire de Crowborough (Sussex) en Angleterre (fig. 48).

On aperçoit déjà dans cette formation gigantesque des inégalités de densité qui amèneront nécessairement la résolution des anneaux en globes séparés. Le noyau central si brillant fait voir que la nébuleuse est arrivée à une période avancée de son évolution. Ce fait est confirmé par l'étude de son spectre qui est continu, bien qu'elle soit irrésoluble. On peut légitimement supposer qu'elle aboutira à un système assez semblable au nôtre et de dimensions incomparablement plus grandes.

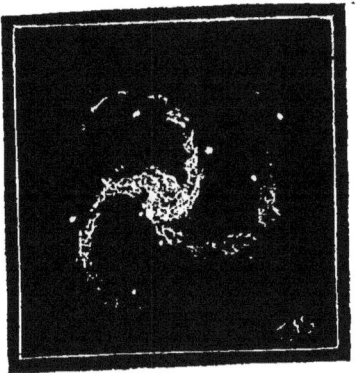

Fig. 49

Type de Nébuleuse en Spirale.

Il peut encore arriver qu'au lieu d'être grossièrement homogènes comme dans le système solaire, certains lambeaux chaotiques de forme régulière possèdent dès l'origine, ou acquièrent rapidement, une prépondérance de densité dans les régions centrales. Alors la pesanteur n'est plus proportionnelle à la distance au centre; elle augmente, au contraire, depuis la surface jusqu'à une certaine profondeur. Les amas du disque équatorial qui, dans la nébuleuse solaire circulaient de manière à figurer des anneaux, décrivent ici des trajectoires plus rentrantes auxquelles l'accroissement de la pesanteur fait prendre une forme spiraloïde nettement accusée. En outre, chacun d'eux s'étire et s'allonge dans la direction de son orbite, absolument comme les nuages cosmiques de M. Schiaparelli. Tous ces amas, plus ou moins rapprochés les uns des autres et courbés dans le même sens en forme de queues de comètes, donnent de loin l'illusion d'un jet en spirale produit par un mouvement tourbillonnaire (fig. 49).

CHAPITRE XII

RÉSUMÉ. — CONCLUSIONS

En résumé, la formation des Mondes de l'Univers, celle du système solaire en particulier, le seul dont nous connaissions quelque peu les détails, peut s'expliquer sans le secours d'un tourbillonnement initial, et par une simple hypothèse sur la forme du lambeau générateur. Nous espérons l'avoir montré assez clairement pour qu'il ne reste plus aucun doute dans l'esprit du lecteur.

Certes, la théorie dont nous avons essayé d'indiquer les principes fondamentaux ne saurait prétendre à donner du premier coup la genèse complète du système. Bien des points restent encore obscurs dans notre propre Monde; ils s'éclairciront plus tard avec les progrès de l'Astronomie physique. Un jour viendra où l'on connaîtra mieux la constitution intime du Soleil et des planètes, la marche des comètes et des étoiles filantes, les mouvements propres des satellites, leur densité et peut-être leur âge. On saura si la Lune est plus jeune ou plus âgée que la Terre, comme on sait aujourd'hui que la Terre a été formée avant le Soleil. On verra sans doute s'accentuer de plus en plus les différences entre les divers systèmes planétaires et le système solaire sur lequel on croyait pouvoir calquer leur formation par une simple réduction de lignes. Une étude plus complète des conditions dans lesquelles se meut l'anneau de Saturne fera renoncer à l'hypothèse séduisante, mais inadmissible, des anneaux générateurs de planètes. Si l'on parvient à démontrer que ces lueurs annulaires de la Lyre, des Chiens de chasse..., etc..., ne tournent pas régulièrement dans leur plan, comme le croient encore certains astronomes, la théorie précédente recevra une éclatante confirmation. On pourra toujours, il est vrai, contester certains points qui ne sauraient être soumis à une vérification expérimentale; quelques détails même seront peut-être reconnus faux; il n'importe, nous aurons ouvert la voie aux astronomes et aux chercheurs en montrant la possibilité de concevoir la formation des planètes autrement que par la rupture d'anneaux nébuleux. C'est pour n'avoir pas osé s'affranchir de cette idée préconçue que la plupart des auteurs ont échoué dans leurs tentatives cosmogoniques. Leur unique préoccupation paraît être d'accomoder l'hypothèse de Laplace aux exigences des sciences modernes, et de la géologie en particulier.

Dans le but de faire remonter l'origine du globe terrestre à une époque plus reculée, les uns admettent la formation simultanée d'anneaux à l'intérieur et à l'extérieur de la nébuleuse. D'autres supposent encore que cette même nébuleuse a pu se transformer peu à peu, par suite de l'augmentation de la force centrifuge, en un disque plat et mince qui se serait lui-même partagé en anneaux. Ces anneaux auraient à leur tour formé des globes planétaires, en commençant toutefois par l'intérieur. Les planètes seraient ainsi à peu près contemporaines du Soleil. Cette hypothèse, en partie contredite par les faits, au moins en ce qui concerne la formation successive des globes planétaires du centre à l'extérieur, ne résout pas le problème posé par la géologie ; car elle ne peut fournir qu'un nombre d'années très limité pour l'existence tout entière du globe terrestre, 20 ou 30 millions d'années au plus depuis son origine qui est bien antérieure à la formation de l'écorce solide et à l'ouverture des périodes géologiques.

Aussi, M. Croll, pour obtenir l'énorme provision de chaleur nécessaire au développement de la vie sur la Terre, a eu l'idée d'expliquer l'origine du système solaire par une collision entre deux masses animées de vitesses prodigieuses. Cette nouvelle hypothèse, peu vraisemblable d'ailleurs, ne résout pas davantage la question. M. Wolf fait remarquer, en effet [1], que la plus grande partie de la chaleur développée par le choc serait dissipée avant la formation des planètes et de l'étoile centrale. De plus, il paraît certain qu'une chaleur d'origine, si grande qu'elle soit, ne produirait jamais une dilatation de la masse du Soleil en rapport avec les dimensions de son système. Néanmoins, il faut retenir cette préoccupation des savants de demander la chaleur dépensée pendant les périodes géologiques à une source plus puissante que la simple condensation des matériaux du globe terrestre, comme aussi de faire naître les planètes avant le Soleil, par la rupture d'anneaux formés aux dépens d'un disque plat et mince. L'hypothèse que nous avons présentée est la

---

1, Wolf, *Les Hypothèses Cosmogoniques*, p. 31.

seule qui puisse donner une solution satisfaisante de ce double problème.

En outre, elle fournit « *l'explication encore à chercher de l'obliquité des axes de rotation des planètes* » ([1]). Et, en effet, dans toute hypothèse basée sur une rotation initiale de la nébuleuse, les anneaux dont la formation découle de cette rotation tournent régulièrement dans leur plan et ne sauraient engendrer des systèmes planétaires d'inclinaisons si diverses. Cette impossibilité se manifeste d'une façon frappante dans le système de Neptune dont l'unique satellite se meut dans un plan très différent de celui de l'équateur de sa planète. Ce système a dû subir, en cours de formation, des influences déviatrices, variables d'intensité. Il a donc pris naissance au sein de la nébuleuse ; à plus forte raison les autres qui lui sont intérieurs. C'est la condamnation de toutes les théories basées sur la formation d'anneaux extérieurs.

Enfin, notre hypothèse est la seule qui fasse connaître la cause pour laquelle l'axe de rotation du Soleil n'est pas perpendiculaire au plan général du système, comme cela devrait arriver s'il provenait d'une nébuleuse animée à l'origine d'un mouvement régulier. Cette objection capitale, qui se dresse contre toutes les théories émises précédemment, n'avait jamais été résolue.

Nous ne saurions mieux terminer cette étude que par ces belles paroles empruntées à M. Faye et qui montrent

---

[1] Wolf, *Les Hypothèses Cosmogoniques*, p. 73.

l'impossibilité de concevoir un Monde sans commencement ni fin :

« On a beau dire que l'Univers est une série indéfinie
« de transformations, que ce que nous voyons résulte
« logiquement d'un état antérieur, et ainsi de suite dans
« le passé comme dans l'avenir, nous ne voyons pas
« comment un état antérieur aurait pu aboutir à l'im-
« mense diffusion de la matière, au chaos d'où est cer-
« tainement sorti l'état actuel. Il faut donc ici débuter
« par une hypothèse et demander à Dieu, comme le
« fait Descartes, la matière disséminée et les forces qui
« la régissent ([1]). »

Ainsi l'Univers a eu un commencement : *In principio creavit Deus cœlum et terram;* de même il aura une fin, car il ne saurait, de lui-même, renaître de ses cendres par suite de collisions successives entre des soleils éteints. Le choc produit par la rencontre de deux étoiles froides et obscures aurait simplement pour effet de les ramener à l'état gazeux et incandescent. Peut-être en disperserait-il les fragments. Mais en aucun cas, ces masses gazeuses, même dilatées par la chaleur, ne pourraient engendrer des systèmes d'une étendue comparable au nôtre. Il est d'ailleurs déraisonnable d'admettre l'éventualité de semblables rencontres dans cet Univers où tout est si bien ordonné pour les éviter.

Faut-il croire pour cela que les planètes obscures continueront à tourner indéfiniment autour du Soleil éteint, éclairées pour quelque temps encore par la faible lueur des étoiles dont la lumière finira par s'éteindre à son

---

[1] Faye, *Sur l'Origine du Monde*, p. 257.

tour. Cette pensée choquera sans doute bien des esprits. Nous n'aborderons pas la discussion de ce problème qui sort du cadre exclusivement mécanique que nous nous sommes tracé. Au commencement nous avons demandé à Dieu la matière en mouvement disséminée dans l'espace ; nous la lui rendons à la fin telle que nous l'ont laissée les lois de la Mécanique.

FIN

NOTE

Nous avons dit au Chapitre II, note 1, page 23, que pour avoir la totalité des aires données par une circulation de même sens à l'intérieur d'une masse chaotique, homogène et sphérique, composée d'éléments indépendants, il fallait multiplier par

$$\frac{8}{3\pi}$$

la somme obtenue en supposant la sphère devenue rigide et tournant sur elle-même dans un temps égal à celui des révolutions moléculaires. D'après le calcul ainsi fait, la prépondérance de la circulation directe, à l'origine du système solaire, aurait été d'environ

$$\frac{1}{25\,000}$$

Il est nécessaire de rectifier une erreur qui s'est glissée dans la note et de rétablir la valeur exacte de cette prépondérance initiale.

Entre les aires décrites à l'intérieur de la masse chaotique et les aires données par la rotation d'une sphère rigide, il existe une différence due aux causes suivantes :

Dans la sphère rigide, tous les éléments décrivent des cercles parallèles à l'équateur ;

Dans la masse chaotique, les molécules se meuvent sur

des ellipses diversement inclinées, dont la forme varie depuis le cercle jusqu'à la ligne droite.

Or, nous avons admis que la circulation avait lieu à l'intérieur de cette masse, sans lui faire perdre son homogénéité. Considérons toutes les molécules dont le grand axe de l'orbite a une longueur donnée ; — les extrémités de ces grands axes se trouvent sur une même surface sphérique. — Supposons que ces molécules, partant ensemble de la surface ainsi définie, accomplissent le quart d'une révolution ; elles arriveront alors à l'extrémité du petit axe de leur orbite. Mais, par hypothèse, elles doivent être distribuées uniformément à l'intérieur de la sphère, depuis le centre, pour celles qui se meuvent sur une ligne droite, jusqu'à la surface même, pour celles qui décrivent des cercles. Cette condition exige une répartition des molécules telle que leur nombre croisse en raison directe du carré de leur distance au centre. En d'autres termes, parmi toutes les ellipses ayant même grand axe, le nombre de celles dont le petit axe a une longueur donnée est proportionnel au carré de cette longueur. La surface moyenne de toutes ces ellipses est alors les $\frac{3}{4}$(¹) de la surface du cercle construit sur leur grand axe comme diamètre. Pour le calcul des aires décrites par une circulation qui conserve à la masse son homogénéité on peut donc supposer que chaque molécule se meut sur le cercle où se trouve son apocentre, à la condition de prendre les $\frac{3}{4}$ de la somme trouvée.

Il faut, en outre, tenir compte de l'inclinaison du plan de l'orbite sur le plan du maximum des aires.

Si on appelle :

α, l'angle des deux plans ;

(¹) On avait fait primitivement les calculs en écrivant par erreur : $\frac{2}{3}$.

r, le rayon du cercle décrit, ou le demi grand axe de l'orbite;
la surface de ce cercle, projetée sur le plan du maximum, a pour expression,

$$\pi r^2 \cos\alpha.$$

Dans le cas d'une rotation d'ensemble, les molécules situées sur la même sphère de rayon r décrivent des cercles parallèles à l'équateur, et la surface d'un parallèle situé à la latitude α est égale à

$$\pi r^2 \cos^2\alpha$$

Le rapport de ces deux surfaces varie avec l'angle α. Si la circulation a lieu dans un seul sens, les limites de α sont,

$$-\frac{\pi}{2} \text{ et } +\frac{\pi}{2}.$$

Entre ces limites, la surface moyenne des grands cercles projetés sur le plan du maximum est à la surface moyenne des petits cercles parallèles à l'équateur dans le rapport

$$\frac{\int_{-\frac{\pi}{2}}^{+\frac{\pi}{2}} \cos\alpha\, d\alpha}{\int_{-\frac{\pi}{2}}^{+\frac{\pi}{2}} \cos^2\alpha\, d\alpha} = \frac{4}{\pi}.$$

D'où il résulte que, pour avoir la totalité des aires décrites, dans le cas d'une circulation de même sens à l'intérieur d'une masse chaotique sphérique homogène, composée de molécules indépendantes, il faut d'abord multiplier par $\frac{4}{\pi}$

la somme donnée par une rotation d'ensemble de même durée ; on prend ensuite les $\frac{3}{4}$ du nombre ainsi obtenu.

Cela équivaut à multiplier la somme des aires due à la rotation supposée par

$$\frac{3}{\pi}.$$

Pour la nébuleuse solaire, ramenée à ses dimensions primitives, cette somme a été trouvée trop forte dans la proportion de

1 000 milliards à 32 millions,

dont le quotient est

31 250.

Le produit de la multiplication de ce dernier chiffre par $\frac{3}{\pi}$ est environ

30 000.

En sorte que, à l'origine du système solaire, la prépondérance de la circulation directe, dans le plan du maximum des aires $\left(\frac{1}{30\,000}\right)$ était inférieure à la $\frac{1}{40°}$ partie de la masse relative de toutes les planètes réunies $\left(\frac{1}{700}\right)$.

Il y a lieu de signaler également une différence essentielle qui existe entre les aires données par la rotation uniforme d'une sphère rigide et les aires dues à la circulation croisée des molécules à l'intérieur d'une surface sphérique.

Dans le cas d'une rotation uniforme, la somme des aires projetées diminue nécessairement à mesure que le plan de projection s'écarte, en direction, de l'équateur ; elle devient nulle pour tout plan méridien.

On peut, au contraire, concevoir une circulation croisée parfaitement homogène, dans laquelle il n'y aurait pas, à proprement parler, de plan du maximum des aires.

La nébuleuse solaire, dont la condensation a donné naissance à un système où apparaît très nettement l'existence d'un plan maximum, avait, dès l'origine, un certain défaut d'homogénéité dans sa circulation interne; les aires décroissaient rapidement de part et d'autre du plan de symétrie. Or, cette condition pouvait être réalisée de deux manières différentes : soit par la diminution de prépondérance de la circulation directe, soit par un aplatissement général des orbites moléculaires.

Il est à croire que le résultat était obtenu à l'aide de ces deux circonstances réunies :

La proportion des molécules qui circulaient dans l'un et l'autre sens se rapprochait de l'unité à mesure que les orbites s'écartaient du plan de symétrie ; en même temps, les trajectoires prenaient, dans leur ensemble, une forme plus aplatie.

Pour ces deux causes, les rencontres étaient plus fréquentes entre les molécules qui s'approchaient de l'axe des pôles qu'entre celles dont la circulation se maintenait au voisinage de l'équateur. Il devait en résulter une augmentation d'aplatissement de la nébuleuse dans son plan de symétrie.

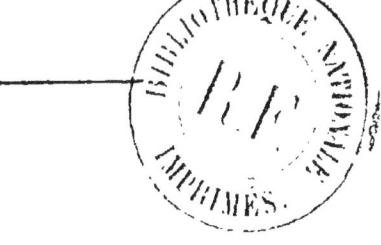

TABLE DES MATIÈRES

Introduction 1

CHAPITRE Ier

LES HYPOTHÈSES COSMOGONIQUES

Hypothèse de Kant. — Hypothèse de Laplace. — Hypothèse de M. Faye. — Leur insuffisance. — Conditions auxquelles doit satisfaire une théorie cosmogonique. — Hypothèse proposée 5

CHAPITRE II

ORIGINE DU SYSTÈME SOLAIRE

La matière en mouvement, disséminée dans l'espace sous forme de chaos général extrêmement rare. — Rupture du chaos et formation de lambeaux séparés. — Figures de ces divers lambeaux. — Relation entre ces figures et la circulation interne. — Théorème des aires. — Comparaison des aires décrites dans le système solaire avec celles que donnerait une rotation initiale ou un mouvement tourbillonnaire. — Le système solaire provient d'un lambeau ayant eu à l'origine la figure d'un sphéroïde aplati, une densité à peu près homogène et une circulation interne presque symétrique en tous sens. — Déformation du sphéroïde par suite des chocs intérieurs qui précipitent une partie de la matière vers le centre. — Premier aperçu sur la formation du système 16

CHAPITRE III

FORMATION DU SYSTÈME PLANÉTAIRE

§ Ier

Équations du mouvement des molécules à l'intérieur du sphéroïde. — Accroissement de la pesanteur dans les régions polaires ; sa diminution dans la zone équatoriale. — Allongement des orbites dans le plan de l'équateur. — Passage de la forme sphéroïdale à la forme lenticulaire. — Lumière zodiacale....... 28

§ II

Formation d'amas de matière entre les molécules voisines animées de mouvements circulaires. — Région annulaire mobile à l'intérieur de laquelle les amas se forment en plus grand nombre que partout ailleurs. — Rassemblement de la plupart d'entre eux dans le plan de l'équateur ; dispersion des autres. — Le disque équatorial, plus dense que le reste de la nébuleuse, devient le réservoir de la matière planétaire 43

§ III

Conflit des deux circulations et disparition de la circulation rétrograde dans le plan de l'équateur. — Convergence des matériaux vers le centre. — Preuves tirées du mouvement des comètes à courte période 50

§ IV

Rupture du disque équatorial suivant les lignes annulaires de moindre densité ; influence de la mobilité de la zone de formation des amas. — Prompte réunion en une seule masse de la matière contenue à l'intérieur d'un même anneau par suite du conflit des deux circulations.— Formation successive des planètes en commençant à la fois par la plus grosse et par la plus éloignée et en finissant par les planètes inférieures................ 52

CHAPITRE IV

MASSE DES PLANÈTES

La masse des planètes doit croître à partir du centre, passer par un maximum et diminuer ensuite. — Minimum accidentel à hauteur des petites planètes. — Causes de l'augmentation de la masse de Neptune.. 65

CHAPITRE V

AGE DES PLANÈTES ET DISTANCE AU SOLEIL

Relations entre l'âge des planètes et leur distance au Soleil. — Mise en évidence des perturbations apportées par les différences d'âge des planètes dans la succession régulière de leur distance au Soleil. — Preuve de l'existence d'une loi pour ces distances.. 71

CHAPITRE VI

DENSITÉ DES PLANÈTES

Circonstances qui font varier la densité : âge, masse, distance au Soleil. — Grande densité des planètes inférieures due à leur position centrale et à leur condensation avancée. — Faible densité des grosses planètes; influence prépondérante de l'âge sur la densité relative des planètes supérieures................... 79

CHAPITRE VII

INCLINAISON DES AXES, SENS ET DURÉE DE LA ROTATION

Variations de la pesanteur à l'intérieur de la nébuleuse. — Vitesse linéaire du mouvement circulaire; son maximum mobile. — Région des rotations directes; région rétrograde. — Variations de l'influence de rotation, directe ou rétrograde. — Formation des globes planétaires pendant la période directe. — Rotation rapide de Jupiter. — Rotation lente de Neptune; renversement de son axe pendant la période rétrograde. — Tendance générale au renversement pour toutes les planètes. — Influence des perturbations centrales sur la rotation des planètes inférieures 84

CHAPITRE VIII

FORMATION DES SYSTÈMES PLANÉTAIRES. — CONSIDÉRATIONS PRÉLIMINAIRES

§ Ier

Formation d'un globe planétaire à l'intérieur de la nébuleuse. — Rotation rapide des planètes due au mouvement tourbillonnaire des amas dans le plan du disque équatorial. — Causes du peu d'étendue des systèmes planétaires. — La formation des satellites cesse avant la fin de la période directe. — Exiguïté des systèmes d'Uranus et surtout de Neptune. — Déviation des globes planétaires pendant la période rétrograde ; cette déviation ne s'étend pas jusqu'aux satellites très éloignés. — Rotation lente des satellites. — Différences essentielles entre le système principal et les systèmes secondaires.................. 99

§ II

Étude détaillée des systèmes planétaires. — Système de Jupiter. — Rotation de la planète comparée à celle du Soleil. — Faible masse de l'ensemble des satellites. — Hypothèse de Laplace. — Système de Neptune ; son exiguïté ; lenteur de la rotation. — Système d'Uranus ; ralentissement apporté dans la formation par l'accroissement de l'attraction centrale. — Système de Saturne ; ses anneaux. — Invraisemblance des hypothèses faisant dériver les planètes et leurs satellites de la rupture d'anneaux semblables. — Causes de la formation des anneaux de Saturne ; condensation extrêmement lente du globe planétaire due, en partie, aux perturbations opposées de Jupiter et d'Uranus. — La matière amassée dans le plan de l'équateur planétaire, au lieu d'être précipitée vers le centre, comme dans le système de Jupiter, se rassemble circulairement assez loin de la planète pour former des anneaux distincts. — Satellites : explication du vide existant entre Rhéa et Titan et de l'isolement de Japetus. — Positions relatives des satellites de plus grande

masse dans les systèmes planétaires et dans le système solaire.
— Système Terre-Lune. — Masse de la Lune ; son isolement.
— Hypothèse de Laplace. — Systèmes de Mars, Vénus et Mercure 106

CHAPITRE IX

COMÈTES

Origine des comètes ; impossibilité de les exclure de la formation du système solaire. — Essaims d'étoiles filantes ; explications données par M. Schiaparelli. — Nuages cosmiques ; provenance de ces nuages. — Mouvement des comètes ; transformation d'une orbite circulaire en ellipse très allongée. — Comètes périodiques ; leur répartition dans le système solaire. — Variation des excentricités en fonction des distances aphélies. — Causes susceptibles de modifier l'orientation des grands axes des orbites. — Capture des comètes 132

CHAPITRE X

CONCORDANCES GÉOLOGIQUES

Calcul de la chaleur développée par la Terre dans sa formation. — Tableau des périodes géologiques. — Explication du phénomène paléothermal 147

CHAPITRE XI

CONFIRMATIONS TIRÉES DE L'ÉTUDE DU CIEL

Systèmes stellaires. — Étoiles doubles, étoiles multiples, amas d'étoiles. — Nébuleuses régulières, de forme ronde ou ovale. — Nébuleuses lenticulaires, nébuleuses perforées. — Nébuleuses annulaires et en spirale 159

CHAPITRE XII

RÉSUMÉ. — CONCLUSIONS 167

Bourges. — Typ. TARDY-PIGELET, rue Joyeuse, 15.

LIBRAIRIE GAUTHIER-VILLARS ET FILS

QUAI DES GRANDS-AUGUSTINS, 55, À PARIS

BAILLAUD (B.), Doyen de la Faculté des Sciences de Toulouse, Directeur de l'Observatoire. — **Cours d'Astronomie** à l'usage des étudiants des Facultés des Sciences, 2 vol. grand in-8, se vendant séparément :

Ire PARTIE. *Quelques théories applicables à l'étude des sciences expérimentales. — Probabilités, erreurs des observations. — Instruments d'Optique. — Instruments d'Astronomie. — Calculs numériques, interpolations*, avec 58 figures ; 1896...

IIe PARTIE. *Astronomie. — Astronomie sphérique. — Étude du système solaire. — Détermination des éléments géographiques*, avec figures ; 1896...